税理士の事件簿

プロの失敗から学ぶ、税金がらみのお金とのうまい付き合い方

税理士 楠木尚成

現代書林

はじめに

皆さんは、『マルサの女』という映画をご存じでしょうか。伊丹十三監督が脚本を書き、監督した作品です。

国税局査察部の女性査察官と脱税者との攻防を描いた作品で、わたしのような税理士は言うまでもなく、幅広い観客を興奮させました。

マルサとは、国税局査察部のことを意味します。マルサは、検察と同等の強い捜査権を持っているので、納税企業から恐れられています。

これに対して、一般の税務署の調査官にはマルサのような強い権限は与えられていません。彼らが行う税務調査は、あくまでも任意であり調査対象会社を「急襲」することは、認められていません。

ところがこの規則を勝手に破って、マルサではないのに、マルサを装って税務調査を断行する税務署員の例が水面下では時々明らかになっています。

もう何十年も前のことになりますが、わたしが顧問税理士を務めていた会社も、これに類似した悪質な税務調査に遭遇したことがあります。

マルサによる調査ではありませんから、本来であれば顧問税理士であるわたしの立ち会いの下で調査しなければなりません。

ところが税務署の調査官らは、この会社の社長に対して、わたしにコンタクトを取ることを禁じたのです。

運悪く、この会社の引き出しにはわたしが作成したグレーな節税法を指示したメモが入っていました。

わたしは脱税指導の疑いで、税理士資格剥奪の危機を味わったのです。生きた心地がしませんでしたね。

さてこの先はどうなったか？ この顛末は本文を読んでいただければ幸いです。

もうひとつ忘れられないのが、税務調査で脱税を指摘された顧問先の社長が早まった行動に走ったために、やっかいなトラブルに巻き込まれた例です。

この社長は、政治家の秘書に頼めば、追徴課税が半分になるという怪しげな話に乗せられて、わたしに対しそのための交渉に立ち会ってほしいと連絡してきました。

そこでわたしは、ホテルの会議室で、先方の連中と面談しました。先方の男が差し出した名刺には、国務大臣の政策担当秘書という肩書きがありました。

後で身元を調べたところ、そんな奴いない！　偽者！　ヤクザまがいの男でした。

この男は、わけの分からない取り巻き連中やお抱えの税理士まで同席させて、わたしの前に現れたのです。

しかし、指摘された脱税の中身を確認したところ、若干の修正申告をすれば、ほどほどの追徴金を払って収まる話でした。大げさなことではなかったのです。

そこでわたしは連中に対して、丁寧にお引き取りを願った。が、問題はそれからヨ！

修正申告を無事に終えたあと、わたしは、

「挨拶料ぐらいは連中に支払った方がいいですよ」

と、社長にアドバイスしました。

ところがこの社長はバカで、わたしが連中と交渉する前に、すでに成功報酬を払っていたのです。

そのうえさらにバカな行動に出ました。すでに支払った成功報酬の半額を返済しろと、ヤクザにねじ込んだのです。いい度胸してるよな！

ヤクザは返金に応じたが、いったん手にした餌を取り戻されてアタマにきたのだろう。その怒りの矛先がわたしに向かってきたのです。この顚末やいかに。本文をお読みください。

恥ずかしながら、わたしは汚点にまみれながらも、税理士業を30年以上やってきました。

数年前から、どろどろとした税理士の世界をありのままに写したドキュメンタリーを書いてみたいと思うようになりました。税理士業界のインサイドストーリーです。それは恥の連続で、女房・子どもに言えないことばかりです。墓場まで持っていくしかないか！　税理士はつらいよな。

そんな訳で、ペンネームで出版することにしました。

題して『税理士の事件簿』。

弁護士業界とは異なり、税理士業界には実体として自治権がありません。しかし、法のうえでは、税理士は国税局の下請けでも、納税者の用心棒でもありません。その基本原則が崩壊しているために、水面下で生臭い税がらみの事件が次々と起きているのです。

世の中には、税にまつわるトラブルを抱えている人々が数多くいます。

わたしと同業の税理士は言うまでもなく、税務署に泣かされたことのある経営者や相続対策に関心のある方々など、誰もが死ぬまで税務問題と向き合わなければなりません。ぜひ本書が、悩める方々の参考になれば幸いです。

税理士は税法の法律家であり、職業会計人です。税理士にもプライドはある。所詮《しょせん》落ちこぼれの税理士による負け犬の遠吠えかも知れませんが、内情を暴露することで一矢を報いたいと考え、出版に至った次第です。

２０２１年１月

税理士　楠木尚成

contents

第2章

親の相続を経験した税理士が伝えたい「争続にしないコツ」

第3章

税理士はつらいよ

第4章

税務署OBの甘い汁

第 5 章

日本の不公平税制の闇

第6章

財政赤字で悪いか？ 財政破綻するんかい！

第1章

税務職員は、今日もやりたい放題

違法な預金通帳の開示

このところ個人情報の流出が社会問題になっています。顧客の名前や住所やメールアドレスがまとめて外部にもれる事件が断続的に起きています。

もし、あなたが自分の預金口座についての詳細な情報を税務署が把握していることを知ったら、どのような感情を抱くでしょうか。

中には税務署には調査権があると勘違いして納得する人もいるでしょうが、大半の人は怒り心頭に発するでしょう。

税理士としてわたしがある顧問先会社で税務署による調査に立ち会ったときのことです。調査官がわたしにこんなことを言います。

「資金の流れが不自然ですね」

目の前に預金通帳があるわけでもないのに、あまりにも詳細にお金の流れを知っているので、わたしは直感的にこの調査官は、事前に銀行とコンタクトを取って預金通帳を調べたのではないかと勘ぐりました。本来、税務署の調査官にはそのような権限はありません。

そこでわたしは、銀行にこの件に関する経緯を問い合わせました。

すると対応した銀行員はあっさりとわたしが抱いた疑惑を認めました。

税務署の調査官が銀行にやってきたので、深く考えもせずにこの顧問先会社の預金通帳を見せたというのです。

わたしは顧問先会社の社長にこの事実を知らせました。

すると社長は、血相を変えて怒りました。この方は元学生運動の闘士で、しかも火炎瓶を投げる過激なグループに所属していた人ですから、権利意識が強く弁が立ちました。

「何で俺に断りもなく、勝手に個人の相続財産を調べたのかよ！　あんたら調査に来て納税者に質問し、疑問点があるのなら最初におれの所に来て銀行の普通預金調べさせてもらいますというのが仁義じゃないの！　分かっとんか！」

税務署員は震え上がりました。

怖かった！

喧嘩の仕方を知っていたね。

当然、わたしも社長に加勢して、税務署員に抗議しました。

税務署員は黙り込んでしまいました。というのも本来、税務署員に他人の預金通帳を無断で調べる権限はないからです。

本当は不法行為なのです。やってはいけないことを独断でやっていたのです。

預金通帳を調べるのは違法行為

マルサは、捜査令状をもって来ますから、強制捜索ができますが、税務署の調査官はマルサではありませんから、他人の銀行口座を勝手に調べることはできません。

このケースでは、銀行もクライアントの守秘義務を果たしていませんでした。従って裁判になれば、調査官も銀行も責任を問われる公算が高くなります。

普通の調査官が勝手に他人の銀行口座の中身を調べることはできないのです。

ところが実態はそうなっていません。
税務署員が身分証明を示せば、銀行は客の預金内容を見せてしまうことが少なからずあるのです。こんな状態では、銀行の貸し金庫についての情報も外部にもれている可能性があります。
誰が何月・何日・何時に貸し金庫を開けたとかいった情報です。当然、金の出し入れに関する情報も、税務署に筒抜けになっている恐れがあります。
最近、税務署はアルバイトを使って、銀行預金の調査をやらせるという噂を聞いたことがあります。根こそぎ預金に関する資料を集めて、外堀を埋めるローラー作戦です。

こんなことやっていいのかね！

憲法で定めた個人の財産権を侵害していないかね！

嘆かわしい！

もう昔の話になりますが、マルサの女を主人公にした映画に出演した宮本信子さんにタバコの吸い方を指導したという、税務署の女署長の講演を聞いたことがあります。

その時に会場からの質問を受け付けたので、わたしは、

「許可を得ずに他人の預金通帳を調べるのは憲法違反ではないですか」

と、質問してみました。

女署長は、口をモグモグした曖昧な答弁でごまかしました。しかし、さすがに後ろめたかったのか、講演が終わってから、わたしの所に挨拶にきました。

すねに傷ありだね！

税務署員をマルサと勘違いしてはいけないよ

税の調査官といっても3つのランクがあり、それぞれ権限が決められていることを読者はご存じでしょうか。それに連動して税務調査にも3つのタイプがあります。

映画などでよく出てくるのが「マルサ」と呼ばれる調査官です。

これは国税局の調査官で、裁判所が発行した令状を持って脱税摘発のための調査をする人々です。国税局査察部を指す言葉です。裁判所の令状を持っていますから、強制捜索もできます。検察と同じような強い権限があるのです。

これはスゴイよ。

入られたら調査拒否なんてできない。

身柄拘束する権限まで持っている。

警察や検察による調査レベルで、容赦なく脱税を摘発するわけ。

マルサの下に「準マルサ」と呼ばれるランクがあります。

これは令状を持たない任意捜査をする職員のことですが、やはり国税局資料調査課の調査官です。

しかし、彼らはマルサに対するコンプレックスがあるのか、いかにもマルサのように振る舞って調査することがよくあります。納税者を拘束して調べようとすることもあります。

実は、そんな権限はないのですが、そのことを知らない人は恐怖を感じます。マルサと勘違いしているからです。

勘違いを回避するためには調査官が来たとき、まず最初に裁判所の令状を持っているかどうかを確かめる必要があります。

令状を持っていなければマルサではなく、任意調査ということになるので、別の日に出直してもらうとか、税理士の立ち会いを要求することができます。

「出直してこい！」と言えるわけです。

ただし準マルサは国税局の資料調査課に所属しているだけあって、調査に入る前には、脱税を立証するための裏付けを十分に取っていることが多く、甘く見てはいけません。

不正の裏付けを取ったうえでの見込み捜査に近いので、そう簡単に引き下がりません。それでも任意調査なので、少なくとも税理士の立ち会いは認めざるを得ないのです。

準マルサの下に位置しているのは、普通の税務署の調査官です。

マルサも準マルサも脱税の摘発が目的なので、事前に連絡することなく抜き打ちでやってきますが、税務署の調査官は事前に連絡してきます。

彼らは、納税申告書が適正かどうかを調査する場合が多く、必ずしも脱税を疑って訪ねてくるわけではありません。内心はそうかも知れませんが。

「ネズミを捕らないネコ」じゃ出世できないでしょうしね！

調査官にもノルマがあるから、重箱の隅をつつくようにあちらこちらに視線を走らせているわけです。そこで納税者の側も対策を考える必要があります。

幸いに税務署の調査官による調査では、誰が調査に来るのかを知らせてきます。

マルサや準マルサのように会社を急襲することはめったにありません。

ただ、現金商売をしている業者に対しては、例外的に抜き打ち調査をすることもあります。

調査官が調査を通知してから2週間後ぐらいに実際の調査が行われます。それに先だって申告書類や帳簿などを準備するように指示してきます。

それが原則ですから、仮に税務署の調査官が直接会社に来た場合は、丁寧にお断りして、速やかに税理士に連絡することが鉄則です。

以上述べたように税に関する調査も3種類ありますから、それに応じて適切に対応してください。

ラブホテルへの潜入調査

税務署や国税局の仕事は、国民から少しでも多くの税金を徴収することです。そのために、どこかに脱税の痕跡はないかに目を光らせています。

鷹が上空を舞いながら獲物を狙うようなものです。脱税摘発のためのノウハウは、実に巧妙でぬかりがありません。

わたしの顧問先にラブホテルがありました。いわゆる逆さクラゲの「連れ込み旅館」ですね。入口は目立たない所にあり、出口も別の所にあります。カップルが入りやすいように、そのような構造になっているのです。

ラブホテルやパチンコは脱税ワーストの業界です。ボロい商売なのです。ノルマがあるので、調査官としてもそうした業種を狙ってきます。

ある時、このラブホテルに税務署の抜き打ち調査が入りました。ラブホテルは現金売上による収入が大半ですから、収入をいくらごまかしているのかを把握することが調査の眼目です。

そこで探偵なみの手法で、売上伝票と実際に収入が合致しているかを調べます。ジャーナリストによるユニクロ潜入手記が話題になったことがありましたが、調査官はこのラブホテルで潜入調査を試みたのです。ジャーナリスト顔負けです。

カップルに扮して侵入して、不正の証拠になりそうな写真を撮影していたのです。このような手法は半ば当たり前になっています。

潜入と証拠写真の撮影程度であれば、「熱心な調査官だ」と苦笑して済ませられますが、このケースでは、さらにこのラブホテルの取引先であるクリーニング店をも調査していたのです。ラブホテルのオーナーが、シーツの洗濯をこのクリーニング店に依頼していたので、伝票をもとにシーツの枚数を調査したのです。

ホテルではお客が帰るとベッドメーキングが必要になります。シーツを換え、それをクリーニング店へ預けます。

ですからクリーニング店を調査して、受注したシーツの枚数を突き止めれば、ラブホテルを使った客の数も割り出すことができるのです。それをベースに本当の収入を推定することが可能になります。

このような方法で、税務署はラブホ専門のシーツ洗濯業者を狙い打ちして、反面調査をやるわけです。そしてラブホ業者を芋づる式に調査するのです。

敵ながらアタマいいね！

税の徴収に熱を上げすぎて病的な感じもするけどね！

それが税務署のやりかたなんだよ。

しかし、このような捜査方法が広く知られるようになると、ラブホテルの経営者も対策を取ります。敷布の洗濯枚数が分からないように、クリーニング業者との間で月ぎめの定額契約を交わしたりするわけです。

あるいは敷布の交換回数を減らすとか。たとえば客が入れ替わるたびに取り替える代わりに、複数回使えるマットに切り替えたりします。

客にとってはちょっと汚いけどね！

あの手、この手で客数をカモフラージュする対抗策に出てくるのです。

ゴミ箱あさりも絶対にないとはいえないよ

税務署は理髪店に対しても、ラブホテルと同じタイプの調査を行うことがあります。ラブホテルの調査でシーツに着目したように、理髪店ではネックペイパーロールに着目するのです。

周知のように理髪師は顧客の首にネックペイパーという一種の紙を巻き付けてから、散髪を始めます。これは使い捨てらしい。

そこで税務署は、ネックペイパーの消費ロール数を調べることで、理髪店の顧客人数を把握するのです。それにより実際の収入が推定できます。

それを根拠に一日の売上除外人数と平均単価を推定して、年間いくらの売上除外を行ったかを割り出し、修正申告させるわけです。

調査の現場では、物的証拠を押さえることに重点が置かれます。その意味では、刑事と似ています。

ネックペイパーロールの使用量は、会社の帳簿から出荷枚数を割り出すのが一般的です。しかし、熱心さが高じると、ゴミ箱あさりも絶対にないとはいえなくなるでしょう。


ラブホテル、理髪店、そして飲食店は?

税務署は飲食店に対しては、客を装って調査することがよくあります。

調査目的で繰り返し飲食店に潜入して、客の人数やスタッフの数などを把握するのです。これでは経営者も白旗を上げざるを得ません。

客の数と売上が著しく離れていると、収入を全部計上していない疑いをかけ、脱税と認識してきます。

理髪店も飲食店も、大半は零細業者でそれほど大きな利益を上げているわけではないのですが、ラブホは、もう一度言いますが、ボロい商売です。

税理士としては、できる限り節税のアドバイスをしてあげたい気持ちですが、適正な納税を指導する義務があります。

アドバイスが行き過ぎて、税理士資格の剝奪の危機

中小企業や零細企業の経営はそう簡単ではありません。

わたし自身、大学を卒業してまもなく税理士になり、しばらく税理士事務所へ勤務した後、家族経営の小さな税理士事務所を営んできたので、中小企業の実態はよく知っています。

なんとか経営者を支援したい気持ちを持ち続けてきました。

わたしの父は従業員が十数人未満の小さな町工場を営んでいたので、経営者の心のうちもよく分かっています。

父は、少しでも税を節約するために、元税務職員に帳簿を見てもらい、上手に節税対策をしていました。

養父でしたが、わたしが税理士の国家試験に合格した時には、強い味方を得たかのように喜んでくれました。経営者にとって、節税は一時も頭から離れないテーマなのです。

こうした事情もあってわたしは、税理士として税務署と経営者の間に入って30年以上も働いてきたわけです。

しかし、あまりにも深く経営者に同情して税理士の仕事をしていると、攻撃の矛先が税理士に向かってくることもあります。

一度だけ税理士の生命を絶たれかねない痛い目にあったことがあります。アドバイスが行き過ぎて「返り血」を浴びたのです。

もう20年以上前になりますが、税務署による抜き打ち調査がわたしの顧問先会社に入った時のことです。

製造関係の会社で、売上は銀行振り込みと手形がほとんどで、現金売上は皆無でした。

従って不正の温床はまったくなく、本来であれば抜き打ち調査されるような会社ではありません。なぜ税務署が目を付けたのか、今でもよく分かりません。同業者のやっかみで、密告されたのかも知れません。

後から聞いた話によると、いきなり税務署の調査官がやって来て、マルサのように振る舞い始めました。税理士であるわたしに連絡を取らせませんでした。

すでに述べたように税務署員はマルサではありませんから、調査にも制限があります。強制捜査はできません。

しかし、そんなことはおかまいなしに横暴に振るまったのです。

さすがに調査官が自分で机の引き出しをあけて内部を探ることはしませんでしたが、顧問先会社の社長に、

「机を開けなさい」

と、命じたのです。

その結果、机の引き出しからわたしが作成した決算概況説明書が出てきたのです。税務署員はしてやったりと、それを鞄に入れて引き上げました。

夕方になって顧問先会社から電話があり、わたしは抜き打ち調査が入ったことを知りました。税務署は、税理士が知らないうちに権限のない調査を断行したわけです。

当然、わたしは税務署に抗議しました。

しかし、内心は恐怖感で一杯でした。というのも決算概況説明書とは別に、グレーな節税方法を指示したメモを残していたからです。職人上がりの社長で、ていねいに説明したのです。それが運の尽きでした。

このメモも調査官の手中にあるのではないか？

どうしよう。

そんな不安があったのです。

幸いに、このメモは工場長の女性が調査官の隙をみて、ハンドバッグに隠したことが分かりました。税務署の調査官の手には渡っていませんでした。しかし、税務調査の中で、顧問先会社の社長が尋問され、真実を打ち明ける恐れがありました。

「先生、威勢いいけど、メモらしきものを隠したりして、これ大変なことだよ！　覚悟しておいた方がいいんではない」

税務署から脅されたら、わたしとしては打つべき手がありません。

わたしは顧問先会社に足を運んで、社長に土下座して、メモは絶対に渡さないようにお願いしました。脱税指南の物的証拠になってしまうからです。

予想したとおり、税務署は決算概況説明書を精査した後、退職金の計上があやしいと言い始めました。不自然だと。脱税対策ではないかと。わたしがそれを指示したのでないかと追求してきたのです。

社長は頑としてそれを否定してくれました。

しかし、それでも疑いは晴れずわたしの心証は真っ黒になったようです。

社長が経過説明書なるものを書いてくれ、それを税務署に提出して一応はおさまったのです。

それでも心配で、知り合いの国会議員の秘書に相談したら、税務署に連絡してくれました。

その甲斐があって、税務署の総務課から呼び出しを受けた時、なんで議員の先生と親しくしているのかと聞かれました（それは野暮でしょう）。

幸いに議員の御利益絶大で不問ということになりました。

調査官が例のメモを押収していたら、わたしは税理士の職を失っていたに違いありません。

税務署は少しでも多くの税を徴収することに執着しているので、この件が結着するのに半年もかかりました。

正直生きた心地しなかったよ。こんなことは女房・子どもには絶対言えないね。墓場まで持っていくしかないな。だからペンネームで書いた次第です。

顧問先会社に知恵を付け過ぎるとこんなことになります。九死に一生を得た体験でした。

印紙から疑われた契約書の偽造

マルサから税務署の調査官まで、彼らは調査の専門家ですから眼光が鋭い。目の付け所を心得ています。

ただ、税理士をしていると、彼らが考えていることが分かってきます。同じようなパターンがあるのです。

たとえば相続税の調査では「ご用意なさった書類はどこにありましたか？　そのあった所に案内してください」などです。

調査の際に税務署の調査官は、必ずそんなふうに切り出してきます。そして机の中とか金庫とか仏壇の引き出しなどを見せるように言ってきます。

調査官から指示されると、その場所に案内しなくてはなりません。調査官は付け馬よろしくついてきます。いやらしいと思うでしょうが、おそらく調査マニュアルでそう指示されているのでしょう。

わたしはこうした調査官の目の付け所を知っているので、金庫とか仏壇の引き出しなどは前もってクライアントにチェックさせ、誤解の元になる余計なモノは入れておくなと指示します。

それでもちょっとした油断から調査官に攻め込まれることもあります。税理士になりたてのころこんなことがありました。

法人税の調査ですが、周知のように、契約書を交わすときには、契約書を作成して印紙を貼ります。契約書は、たとえ同族会社とその代表者個人の間の契約であっても、作成しなければなりません。それが義務付けられています。

ところが自分の会社の金を、代表者が自分に払うわけですから油断して、わざわざ契約書を作成していないケースがあるのです。

税理士として独立して間もないころ、わたしの顧問先会社でこのような例に遭遇したことがあります。不動産の賃貸契約でした。この会社の社長個人と自分自身の同族会社との間の契約で、契約書がなかったのです。

ところが税務署の税務調査が入ることになったので、それでは済ませられなくなりました。慌てて契約書を作ることになりました。

契約書なしで賃借を開始したのは数年前でした。そこで実際に賃貸を開始した日付けまで遡って契約書を作成したのです。印紙も貼りました。

家賃はきちんと支払われているので、問題はありません。家賃も所得税申告しているので瑕疵はありません。

ところが税務署の調査官が作成したばかりの契約書を見て、勝ち誇ったような笑みを浮かべました。そしてこんなことを言ったのです。

「契約を結んだ当時、こんな図柄の印紙は発行されてませんよ！」

わたしは一瞬、頭が真っ白になりました。

これはやばい。

調査官は、こういう所をよく見ています。チェックのポイントを知っています。

調査官は社長の方を向いて、

「この契約書、最近作成したんでしょ。偽造でしょう！」（キツいお言葉！）

と、言いました。

わたしはとっさに社長に助け舟を出しました。

「社長、契約書はちゃんと日付けどおり作ってあったんだろ。印紙貼り忘れちゃだめだよ。慌てて印紙貼るからこんなことになるんだよ」

「そ、そのとおりだ」

ヒヤヒヤしたね。

社長は、その場で謝罪しました。契約書は契約の開始前に作成したが、印紙を貼り忘れていたので、数日前に貼ったということにしたのです。

見え見えだけど仕方ないぜ！

印紙の模様にはくれぐれも気をつけてもらいたい。

模様は更新されているんだよ。

オレも気づかなかったけど。

ちなみにバックデートした書類を作成するときは、印紙だけではなく、用紙の日付けにも注意する必要があります。

たとえばコクヨの領収書用紙の場合、記号で印刷年月日が分かります。バックデートした当時には印刷されていなかった用紙である可能性もあるのです。

調査官はやはり細かい所まで、目の付け所を知っています。これが税務署員の職能というやつでしょう。

目の付け所が違うぜ！　やるネ！

バックデートしたら、「プロパティ」には要注意！

これによく似た例がもうひとつあります。

パソコンが普及した後の時代のことで、わたしがＩＴに精通していなかったことが原因です。同族会社の土地と建物を、社長個人に売却した時のことです。

売買に際して売却損が出ます。その売却損は、決算期末までに契約すれば、売却損として処理できます。

しかし、登記が翌期にずれ込むと、次の事業年度で損金を計上するのが原則となります。ただし、税法上では、損金の計上は契約した事業年度でも引き渡した事業年度でも問題はありません。

この会社の社長は、赤の他人との不動産売買取引ではなく、「一人二役」の取り引きだから、契約書の作成を失念し売却して、契約した年に売却損を計上しました。

この点を税務署から指摘されたので、わたしがバックデートして改めて契約書を作成したのです。

ところが調査官がそれを簡単に見破ったのです。読者の皆さんは、なぜだか分かるでしょうか？

調査官は若い人でパソコンに詳しく、わたしの事務所に来て、ＰＣに残っている契約書を見せてくれと言いました。

わたしは、日付を決算期末にバックデートしていたので何の問題もないと思いました。

ところが捜査官が、作成したワードの「プロパティ」をクリックすると、実際に書面を作成した日付が自動的に記録されていたのです。

デジタルオンチのオレ、そんなことも知らなんだ！

脱税指導と認定されたら失職しかねません。この時は、税理士資格剝奪の危機の悪夢が頭をよぎった！

しかし、ここで引き下がるわけにはいきません。わたしの好きな言葉は、映画『国会へ行こう』（吉田栄作、緒方拳主演）の中に出てくる緒形拳の台詞である「勝負はまだついてネ！」。

法の知識を動員して、次のように反論しました。

「契約書という形にしたのは翌期だったけれど、以前から口頭での合意はあった」

口頭契約の有効性を主張したのです。書面はなくても、口頭で双方が合意していたとする論理です。同族会社内での取引ですから、口頭でも十分に有効なのです。

わたしはこの主張を裏付けるために次のような趣旨の補強文書を作成しました。

不良資産を処分したいと思いながら、買い手がみつからず、やむなく代表者個人が買い取ることになった。それを決算期末に決めた。

本来であれば決断した日に契約書を作成しておくべきだったが、失念した。不動産物件は会社の借入金の担保になっていたので、会社から社長個人への担保の付け替えが必要になった。そこで銀行の承諾を得てからと考え、売買契約書の作成が決算後になった。こんなふうに経過説明の文書を作成したのです。

幸いにこの言い分を認めてもらえましたが、冷や汗ものでした。

あまり知られていませんが、一人二役の場合はいつでも口頭で契約が成立するのです。インチキかも知れませんが、法的に見れば口頭による契約が無効とは限らないのです。

このケースは、脱税指導というほどのことではありませんでしたが、当期決算期末で損金算入できないとかなりの税金を払わなければならないことがあります。

屁理屈（？）でも最後まで捏《こ》ねてみるものだ。

顧問先会社が高い税金を徴収されたらおれの立場がないしな！

このケースでは幸いに認めてもらえた。

税務調査はヤクザの喧嘩みたいなところがあるのです。屁理屈の理論闘争でもいいので、自分の主張を押し通すべきです。しっぽを巻いたら負けです。

調査官の聞き取り調査

税務署による調査では、会社の組織図を見せるよう言われることがよくあります。

社長をはじめとする役員構成から、役員の家族構成までを把握して、事業とのかかわりなどを調べることが目的です。

役員は職務を果たしているか、取締役会を定期的に開催して議事録を作成しているかなどを調査するのです。

さらに、通達行政で法律ではないが、法人税基本通達の適用で「みなし退職」して退職金を取った会長が相変わらず、会長室を占拠していないかなどを探るために、昼休みに調査官が会社の従業員から何げなく話を聞き出すこともあります。

「会長さんよく会社に来るの？」

世間話のように話しかけてきます。

質問の意図がよく分からない従業員が、

「よく来ますよ」

などと言ったら、調査官はさらに探りを入れてきます。

「息子の社長に代を譲ったのではないの？」

「そうですよ」

こうした返答をすると税務署員は、前社長の会長は退職後も会社の経営に関与しているかも知れないと、疑うわけです。いったん疑い始めると際限がありません。会社役員だけではなくて、従業員の担当部署まで聞き取り調査することもあります。

源泉徴収や年末調整の際に提出する扶養控除等申告書と従業員の履歴書を突合したりして、架空人件費の支出がないかなどを調べるのです。内縁の配偶者だとか、愛人など「特殊関係者」に関する不正な支出がないかなども調べます。

会社経営が苦しくなったとき、愛人名義の給与が未払いになっているケースはよくあります。こういう不正行為が調査官の目の付け所なのです。公私混同していると税務署から摘発されます。

10人未満の零細企業では、金庫番と給与計算が社長の妻になっていることが多いので、社長の愛人に給与を払ったりはできません。零細企業でも、金庫番と給与計算は赤の他人にやらせるべきなのです。

会社を成長させるためには、金庫番と給与計算は赤の他人で、しかも信頼できる経理職員にまかすべきなのです。

それが会社にとっての成長戦略であり、同時に最強の税務対策なのです。

わたしの税理士事務所に税務調査が入った

繰り返しになりますが、適正納税とはいっても現実は少しでも多くの税金を徴収しようとするのが、税務署の仕事です。

それゆえに重箱の隅を突くように経理の実態を調べるわけです。それが任務ですから、ある面では仕方ありません。お巡りさんに巡回を中止せよと要求できないのと同じ原理です。

わたしが経営している税理士事務所が税務署のターゲットになったこともあります。うちのカミサンの青色事業専従者給与についていちゃもんを付けてきたのです。

税理士事務所の調査は、滅多にあるものではありません。よほど手広くやっている会計事務所の場合は別ですが、わたしの事務所は家族経営ですから、調査しても脱税など出てきません。

それでもやはり税務署の調査官は職務に忠実なのか、何か汚点はないかと目を光らせます。

おれみたいなケチな税理士がなんで調査なのよ！

不思議に思いましたが、すぐにピンときました。

親から相続した不動産を売った時に、かなり譲渡益が出たことを思い出しました。それを調べるのが目的のようでした。

しかし、不動産譲渡益についての調査は無事にパスしました。これでおとなしく引き下がるかと思っていましたが、今度は妻の青色事業専従者給与が高過ぎると言い始めました。

青色事業専従者給与は、個人事業者が身内に支払う給与を経費として計上する制度です。個人事業主にとっては合法的な極めて有効な節税対策です。

確かにわたしは妻に対してかなり高額な給与を支払っていました。調査官は言います。

「いくらなんでも高すぎる。半分に減らしてください」

「半分に？」

「そう、半分で十分だ」

これが認められないとなれば、小さな事業所としてはダメージが大きい。しかし、税務署員は「半分にしろ」と繰り返すのでした。

税務署は、同規模の会計事務所の所長夫人の青色事業専従者の給与実態と比較して、わたしのカミサンの給与は高すぎるというのでした。裏付け資料を見せてよと言っても、おそらく見せないでしょう。

逆にこちらも根拠を提示されたら、反論できなくなります。そこでわたしは、次のように言いました。

「女房の青色事業専従者給与が高いのは、単なる事務補助の対価ではなく、事実上の共同経営者として働いてもらっているからです。いわば内助の功の対価です。会社でいえば役員みたいな存在ですよ」

これは屁理屈に違いありません。個人事業における事業専従者はむろん共同経営者ではありません。専従者給与は労働対価であって、内助の功の対価ではありません。従ってカミサンが税理士事務所の役員であるはずがないのです。

しかし、一応は自分の主張を押し通してみるものです。押し問答を繰り返していると税務署員の方が根負けしたのか、

「今回は指導にとどめておきます」

と、言いました。これで落ち着いたのです。

仮にわたしが税務訴訟でも起こしていたら、わたしが敗訴していたでしょう。税務署は、同業種・同規模の青色事業専従者の給与支給実態のデータを証拠として提出してくるからです。

法的には、青色事業専従者は、単なる労働対価としての評価としてしか認められないことになっているからです。共同経営者として高い専従者給与を支給しているという主張は否認されます。

ここが難しいところだ。

腹が立っても、裁判は起こさない方がいいこともある。出る所に出ない方がいいこともある！　出ちゃうと引っ込みつかないこともある！

第2章

親の相続を経験した
税理士が伝えたい
「争続にしないコツ」

「妻」を養女にした大俳優

老後を安定して暮らすために必要な資金は、２０００万円とも３０００万円とも言われています。

となれば元気なうちから老後資金をどうするのかを考えておかなければなりません。かしこい相続の方法や、財産管理に無頓着でいると将来、苦境に陥ることになりかねません。

節税のノウハウも頭に入れておく必要があります。ほんのちょっとした工夫で、老後の預金の額が大きく違ってきます。

タレントや俳優の中には、合理的な相続をしている方もいらっしゃいます。先日、亡くなったある国民的大スターは、前妻と離婚した後、33歳も年下の女優を養女にしました。

結婚するのではなく養女にしたのです。そのためにこの養女の女性は、大俳優が死亡した際に、莫大な金額の遺産を独り占めにしました。
この大俳優の親はとうに亡くなっているので、養女がいなければ、兄弟達が遺産を対等に分割できましたが、養女の女性がそれを独り占めすることになったのです。法律に従って遺産を処理した結果に他なりません。
税に関する法律でこうした方法が禁止されていないわけですから、不健全に感じても、どうすることもできません。しかし、これも頭のいい相続方法であることには変わりありません。おそらく税理士が指南した結果ではないかと推測します。
かりに女性を養女にするのではなく妻にしていたら、遺産の4分の3が妻のものになり、残り4分の1は兄弟にも分配されていました。

でも養女なんだ。
年は離れているけれど、妻でない。養女なんだ。

倫理的には問題がありますが、税法上はなんの問題もありません。亡くなった俳優は、養女に全財産を相続させたわけです。

これも盲点だな！

養女といえど法的には親子なのです。このような方法で遺産相続がなされている例は想像以上に多いのではないかと推測します。

人間にとって資産は大切なものです。ありがたいものですね。

たとえば作詞家で作家のなかにし礼さんは、ワンショットが３００万円もかかるガンの重粒子線治療を受けて生還されました（２０２０年12月に心筋梗塞で亡くなられました。合掌）。十分な預金があったからこそ最先端医療を受けることができたわけです。

金をめぐるトラブルは多いですが、上手に使えばカネほど素晴らしいものはありません。その金を上手に管理するためには、ある程度の税務に関する知識を持っておく必要があります。これも生活の知恵です。

わたしは自分の身内の相続を公平にやった。しかし顧問先の相続申告で痛恨のミス

実はわたし自身も養子です。それが原因というわけではありませんが、相続では人

並み以上の苦労をした人間です。顧問先で相続人同士が被告と原告に分かれて裁判で遺産を争った体験もあります。

それだけに相続に関する話には無関心ではいられません。大俳優が行った相続の裏技を紹介したゆえんです。

わたしの養父は前妻と死別して、すぐに養母と再婚しました。養母に子どもができなかったので、わたしが養子にもらわれてきたのです。

養母はわたしには優しかったですが、元来は気が強い人で、父に面と向かって、

「悔しかったら、愛人の一人も作ってみろ」

と、暴言を吐いたりしました。

どういう状況でこんな台詞が出たのか、養母がなぜそんなことを言ったのかは不明ですが、養父はそれがきっかけで、本当に愛人を作ってしまいました。自業自得といえばそれまでですが、それが引き金となり家庭崩壊が始まったのです。

夕方、養父が別宅に出かけて行くとき、養母が罵声を浴びせていたのを思い出します。わたしは父の愛人をよく知っていますが、養母とは正反対のおとなしい人でした。死に別れた前妻さんのイメージです。

そんなことで愛人のこともわたしはよく知っていました。腹違いの弟2人がいて、税理士として養父の遺産分割は公平にやりました。問題はありません。

ところが顧問先の相続では、「記名押印」でわたしは忘れもしない痛恨のミスをしたのです。まだ駆け出しの税理士だったころです。

前妻が亡くなり、子どもの一人は未成年で子ども達も若かった。オヤジが当然のごとく、遺産分割協議を仕切りました。

「お前達はこれでいいだろ」とばかりに、遺産分割協議書に印鑑を押させたり、勝手に押したりしたと思われます。当時遺産分割協議書の作成依頼をされて、わたしは行政書士でもあるため、作成代行しました。

わたしのミスは相続人の名前を「記名押印」にしてしまったことでした。うかつでした。

その前妻さんが亡くなって1年もしないうちに、そのオヤジは再婚して子どもまでできたんですよ！　世の中で絵に描いたような、よくある前妻の相続人達、つまり子ども達とその父親。後妻らとの熾烈な財産争いよ！

当然ですが、前妻の相続の遺産分割協議書は偽造だと裁判で争われることになりました。わたしも訴えられました。

結果は分割協議書無効の判決が出ました。まいりましたヨ。

わたしは作成代行を頼まれただけですが、「記名押印」でなく「自署押印」にしときゃ良かった。せめて子ども達が自署して自分の実印で押印していればこんなことにはならなんだ！　わたしのミスでパンドラの箱が開いてしまった。

オヤジが再婚しなければ、遺産分割協議書が不備でも後日「追認」すればすんだことなんだ！　なんでこのオヤジ、若いカーチャンと再婚したんだよ！　すべて「たられば」だがなんということだ！

養母の認知症と遺産整理

大学を卒業した後、わたしは税理士事務所で働きながら、税理士試験の勉強をしました。そして税理士の国家資格を取得して、数年後に現在の事務所を構えている地方へ引っ越しました。

養父が亡くなり、養母だけになると、わたしは東京の顧問先会社に行くついでに、しばしば実家に立ち寄っていました。実家をホテル代わりに使っていたのです。

養母が老いていくにつれて、再び相続問題が浮上してきたわけですが、法的にはわたしが唯一の相続人になるので、神経を使う必要はありませんでした。

そのうえわたし自身が税理士ですから、相続について税理士に相談する必要もありません。

そのため、後述するように模範的な相続をしました。相続金の一部を前述の腹違いの弟に贈与しました。

養母に体調の異変が現れました。ある時、近くの交番から電話がありました。

「お母さんが、『息子が1週間ぐらい帰って来ない』と言って交番に来られたのですが、あなたが息子さんですか?」

「はいそうです」

「今、どこにいらっしゃいますか」

「地方で税理士事務所を経営しております」

「お母さんを引き取っていただけませんか」

「はい、分かりました」

わたしはびっくりして、新幹線ですぐ東京に向かいました。

養母はごく普段のままでした。しかし、体内で異変は起きていたのです。

「戸の隙間から人が入ってくる」

「そんなはずないよ」

「お金も無くなっている」

それを聞いた時、わたしはすぐ養母は認知症になったのだと思いました。後日、お金を持たずに買い物に行って、八百屋などに借金していることも分かりました。

神経科に連れて行き、認知症の進行を遅らせる薬をもらって飲ませましたが、効果はありませんでした。

「自分のことが自分でできなくなったら、わたしゃ死にたいヨ」

養母は日頃からそんなふうに言っていました。

わたしの顧問先の老健施設に養母を入所させてもらうことにしました。この時、わたしは自分に十分な資金力があるありがたさを痛感しました。養母のために価値のある金の使い方ができたからです。

オカネって本当にありがたい。

オカネがなかったら大変なことになっていた。

在宅介護が美談とは思いませんが、養母を施設に入れることができたから、最後まで世話することができたのです。養母といい関係を維持することができたのです。

いずれ養母の遺産整理をする必要があるので、わたしは「財産管理契約書」を作成して、養母に署名してもらいました。

認知症になっていてもわたしが誰か分かっているから、「財産管理契約書」を締結できたのですが、わたしが誰か分からなければ、署名もできませんでした。

不幸中の幸いです。

成年後見制度か、財産管理契約の締結か

養母の認知症がそれほど進んでいなかったので、わたしは成年後見の申請をしませんでした。

成年後見制度とは知的障害や認知症など、判断力が十分ではない者が不利益を受けないように、成年後見人を付ける制度です。弁護士が成年後見人になることが多いです。

成年後見制度には、基本的に2つのタイプがあります。本人が判断力があるうちに、成年後見人を選ぶ場合と、判断力が衰えた後に選ぶ場合です。いずれも裁判所に申し立てを行い、裁判所が判断を下します。

成年後見人になると、毎日の支出をきちんと帳簿につけて事務処理をする義務が生じます。

後見人への報酬支払は毎月3万円ぐらいです。これが本人が死亡するまで延々と続きます。従って経済的な負担も重くなります。

養母のケースでも、法定後見を申し立てることができましたが、その必要はありませんでした。

すでに述べたように、わたしは養子の一人っ子ですから、他に相続人はいません。相続もスムーズに進みます。他の相続人がいたら財産争いになっていたかも知れませんが、わたしが唯一の相続人でした。

ちなみに時々、成年後見人が遺産を横領することもあるようです。

成年後見制度を喰いものにするケースで、週刊誌でも「成年後見の闇」といったタイトルで報道されたことがあります。死人に口なしですから、こうしたことが起きるのでしょう。

相続をめぐるトラブルに巻き込まれないためには、あえて本人が判断能力があるうちに、つまり契約書に署名ができるうちに、一人の相続人だけに抜け駆けをさせないよう、相続人全員（ここがミソ）連名で本人との「財産管理契約」を締結しておき、相続人相互の監視を徹底することが大切です。

そうすると、不正を防止することができるのです。

不必要に成年後見の申し立てをしないことも、大切なポイントです。

「財産管理契約」を締結しておけば、本人名義の不動産を独断で処分することができなくなります。同族内のトラブルを回避する秘訣にほかなりません。

円満に遺産相続することが、もっとも賢い道なのです。このような観点から、すでに述べたように、もう時効ですがわたしは腹違いの弟2人に養母の遺産の一部を贈与しました。

法的にみれば、2人の弟に養母の遺産を受け取る権利はありませんが、養父から見れば2人は実子ですから、そのような措置を取ったのです。

「固有財産」という遺産の処理方法

わたしが両親（養父母）の財産を相続しました。これはわたしの「固有財産」でわたしのモノ。

わたしが女房と結婚して稼いだ結果のわたしの財産は、「共有財産」で内助の功で、半分はわたしの女房に権利があります。

たいてい日本の家計は女房が仕切っています。そこで、わたしが親から相続した財産はわたしの家計には入れませんでした。分別管理しました。

家計で一緒くたにして女房に仕切られたらわたしの自由にはならない！　後の祭りよ！　わたしの親からいくら相続したか金額は分かっているから、最終的には固有だろうが共有だろうが、わたしが死ねば半分は女房に行くので問題はないのですが、ここからが問題よ！　よく聞いてな！

わたしが女房と離婚でもすれば、たちどころに、「固有財産」はすべてわたしのもの。結婚してからの「共有財産」は2分の1が慰謝料の対象か？

だからこそ、わたしの固有財産は分別管理しなければならない！　家計に入れて女房に事実上支配されたくはないからな！　これで分別管理の重要性分かったよな！

亭主の財産的自立の話だぞ！　夫婦でも財産は別だぞ！

相続が「争続」になるケース

相続で大事なのは、親族が喧嘩せずにどう遺産を分配するのかという点です。

相続が発生するまでは仲がよかった親族が、親の死亡により相続問題が起きて仲違いし、顔も見たくなくなったケースは少なくありません。家族崩壊です。

「争続」ではしゃれにならないぜ！

どうしてこんなことになるのでしょうか。そこはすべて人間の欲のなせるわざなのかも知れません。

その点、わたしのように一人っ子であれば、親の財産を独り占めすることができます。相続税は少々高くなりますが、それでも1億ぐらいでした。

相続の際は、節税を最優先することも大事ですが、それよりも親族が喧嘩せずにどう遺産分割するかがもっと大切です。

当然、法定相続分で公平に分けるオーソドックスな方法もあります。しかし、実際にはこれはなかなかうまくいかないことが多いのです。

たとえば長男とその嫁さんが親の介護に明け暮れたとします。会社の有給休暇を取り、夫妻でローテーションを組んで、最後まで親の世話をしたとします。

これに対して他の兄弟姉妹は何もしなかった。それでも相続の際に兄弟姉妹の間で差を付けることなく、平等に親の財産を分配できるでしょうか。

法定相続をした場合、確かに課税公平なのですが、長男夫妻は一筋縄でそれを受け入れるわけにはいかないでしょう。

当然、揉めるわな！

まして義理の親を介護した長男の嫁は相続人ではないので、遺産は1円ももらえないことになり、納得しないでしょう。

このような問題が起きないように、親に遺言を残してもらう方法もあるのです。

遺言とは法的に言えば、法定相続による公平な遺産分割を否定して、故人の遺志により遺産分割に不公平を持ち込む方法のことです。

たとえば、同族会社の場合、会社の後を継いでほしい長男には会社の株式を相続させる。二男には不動産を相続させる。長女には金融資産を遺してやる。このように故人

の遺言に基づいて、配分方法と金額を決めます。これが法定相続と異なる点です。

しかし、この方法もうまくいかない場合があります。

遺言は遺産の分割にあえて不公平さを持ち込むわけですが、極端に不平等な分割は法的にも認められません。遺言が「開けてびっくり玉手箱」では駄目なのです。

遺言をめぐるトラブルが起きないようにするためには、被相続人となる人が健在で相続人に影響力を持っているうちに、遺言の中味を「根回し」しなければいけません。

ここが最大のポイントだよ！

遺言書には「付言」といって、なぜそのような遺言にしたのかを説明する項目があります。付言を読んで、不当な扱いを受けたと感じた相続人は、か〜っとなって納得しないのが普通です。頭に血がのぼってしまう。

そこで前もって十分に話し合っておくことがポイントなのです。それでも揉めることがあります。これだけは避けることができません。

余談になりますが、相続人の配偶者は、ちゃちゃを入れない方がいいよ！

自分の相続ではないからね。

ましてトーチャンと一心同体で口出しすると、親族間の人間関係を壊しかねないよ！

でも相続人の女房にも欲があり、亭主に代わって、自らしゃしゃり出てくるのが世の常か！

わたし個人の考えを言えば、遺言などなくても、昔の家督《かとく》相続みたいに、長男がすべてを仕切り遺産を相続するのが理想です。代償分割という方法があります。普段からそういう人間関係を築いておくことが必要でしょう。これがもっともスマートなやり方です。

遺産がすべて金融資産で分けられるなら、揉めることはありません。金融資産以外にいろいろなものが入ってくるから揉めるのです。

たとえば同族会社の株式・経営権を引き継いでも、それを売ってカネにはできません。不動産は、売れば所得税が発生します。一長一短があるのです。

それゆえに遺産相続の方法は、早めに考えておくべきでしょう。

同時に、莫大な遺産を相続する人は、それを社会に還元するという発想も大事です。アメリカの富裕層の中には、遺産を寄付することを当然のように思っている人も少なからずいます。社会貢献しようという意識が高いのです。

そのための財団を作ることもあります。遺産の寄付ではありませんが、マイクロソフト創業者のビル・ゲイツのように、コロナワクチン開発に莫大な寄付をした人もいます。

アメリカには富裕層による寄付を下々に環流させる社会的システムがありますが、日本にはそれがほとんどありません。

金銭へのこだわりが強すぎるのかも知れません。例外としては、ソフトバンクの孫正義社長やユニクロの柳井正社長ぐらいでしょうか。

生命保険と死亡退職金

わたしは養子で、しかも一人っ子です。養父には愛人がいて、前述のように認知していた子供も2人いました。

愛人は、家庭トラブルの原因の最たるものですが、何らかの事情があって、どうしても愛人に財産を遺したければ、自分に掛けた生命保険金の受取人を愛人にしておけば、相続人ではありませんが、受遺者（遺贈）として保険金を受け取ることができます。相続人ではないので、非課税規定はありません。

保険金は被相続人の死亡後、生命保険会社から愛人に支給されるので、本来の相続ではないから。それゆえに課税上は「みなし相続財産」として課税になります。

これに対して、相続人の場合は非課税規定の500万円は控除されます。

法律の抜け穴だね！

生命保険金に似たものに、被相続人が勤務していた会社から支給される死亡退職金があります。これは支給順位が決まっているので愛人に支給されることはありません。配偶者、それから子供の優先順位で親族に支給されます。生命保険金と同様に、相続人一人に付き500万円の非課税規定が適用されます。

死亡退職金を支給した会社はそれを損金として計上できるので、WIN-WINの節税テクニックになります。

相続税の申告は連名で被相続人の所在地にある税務署で行います。愛人の場合は、相続人ではないので遺贈になります。当然、申告が必要です。

しかし、世間体が悪いので、正妻が愛人の相続税負担分を三文判で申告することもあります。相続税の申告書は「自署押印」ではないので、こうした裏技が可能になるわけですが、問題が起きることもあります。注意が必要です。

というのも、「記名押印」ということは、コンピューターでプリントアウトすればいいということになり、不正の温床になるからです。

ただ、オレがこの本で財テクを伝授したからといって、愛人を作ってはいけないぞ!

老後のお金、足りてますか？

改めて言うまでもなく、お金について考えるとき、遺産だけがすべてではありません。それはほんの一部分です。

最近は、老後資金がメディアの話題になることが増えています。社会福祉制度が充実していないからでしょう。多くの人が自分の老後に不安を感じているからです。

今の経済状況からすると、若い人が老年になった時、本当に年金が貰えるかどうかあやしいところです。年金は支払ったが、老年になった時には貰えないという事態になる可能性もあります。

となれば自分で貯めた預金に頼るしかないということになりますが、働けなくなると収入がなくなり、支出のみになりますから、これもあてになりません。預金が底をつくことも十分にあり得ます。

まして遺産だけに頼って老後を過ごせる人は、ほんの一握りです。こうした状況の

下で、理想的な対処方法は、あらかじめ不労所得を得る方法を考えておくことです。

不労所得とは、「額に汗しない所得」のことです。「働かざる者、喰うべからず」という格言があるために、不労所得というと悪いイメージがありますが、生きるうえで大事なことです。

具体的な不労所得には次のようなものがあります。思いつくままにあげてみましょう。

弁護士の顧問料、金融機関の貸付金の利息収入、株式の配当所得、株式売買所得、不動産大家の家賃収入、ビジネスオーナーの役員報酬、特許権のパテント収入、老後の年金収入、ゴールドの売却収入。

これらの収入は、だいたい一定期間が経過すると自動的に得られるものです。その場にいなくても定期的に入ってきます。

額に汗して働く労働の対価は貴重です。というのも、人間は誰でも高齢になると体力が衰えて働けなくなるからです。これは生理的な現象ですから避けることができません。

その時のことを考えて、前もって不労所得を稼ぐ方法を考えておく必要があるのです。

ロバート・キヨサキという日系4世のアメリカ人が1997年に考案した「金持ち父さんのキャッシュフローゲーム」が一時話題になったことがあります。

医者・弁護士・公認会計士・税理士などの専門職の人々は、いつまでも働いていないで、「その場にいなくても稼げる」不労所得にシフトすることを推奨しています。

アーリー・リタイヤー、つまり早く老後を迎えられるようにすべきだと言っているのです。その鍵となるのが不労所得です。

言われてみれば、当然のことです。

芸能人や引退したプロスポーツ選手が巨額の貯蓄で、マンションや飲食店を経営するのも、不労所得を得るための手段です。

ロバート・キヨサキ氏が言いたかったのは、老後になってからではなく、若いうちから金を稼いでアパートを建て、不動産所得や金融所得といった不労所得でカネ持ち父さんを目指せということです。これがまさにカネ持ちの発想なのです。

しかし、こうした老後対策は万人ができることではありません。

ですが、少なくとも挑戦してみるべきでしょう。

そのための努力をしながら、同時に税制の知識を積んでおくことも、長い目で見ると財産の形成に大きく影響します。

右肩上がりのゴールドの相場

「不労所得」を得る効果的な手段として意外に知られていないのが、金（ＧＯＬＤ）の取引です。このところ金は、40年来の高値になっています。１９９９年にグラム１０００円を割ったことがありますが、それが今や７０００円になっています。７倍にも増えているのです。

その背景に経済が安定しない事情があります。経済が安定しないので、株式投資や不動産投資などよりも、金に人気が集まるからです。

たとえば経済不安の原因として、２０２０年の春から日本でも深刻になったコロナウイルスの感染拡大があります。政府は緊急事態宣言を発表して対処しましたが、経済の落ち込みに歯止めをかけることはできませんでした。中小企業だけではなく、大企業の多くも大幅な赤字を計上しています。

また、気候変動による自然災害の増加も大きなリスク要因になります。自然災害は予測することができないので、ダメージの規模も予測できません。それだけに不安の要因になるのです。

さらに現在は、米国と中国の貿易戦争に見られるように、国際関係も複雑になっています。グローバリゼーションの時代ですから、ビジネスも国境の枠を超えており、海外での紛争が株価にも影響を及ぼします。日本の場合は、北朝鮮の挑発行為を無視するわけにもいきません。

経済や政情が不安定な時期の株式投資は、株価の変動が大きいので高いリスクがあります。不動産投資にもリスクがあります。

これに対して金は、安定しているのです。金を買って長いあいだ寝かして、気が付いたときは、大きな「不労所得」になっていたということも夢ではありません。

特にこの10年ほどの間は、金の価値は右肩上がりになっています。社会不安が増しているから、リスクが少ない金で財産を管理しようという考えの人が増えた結果です。

わたしの場合は、そろそろ金を売却しようかなと考えていた矢先に、コロナウイルスの感染拡大で外出できなくなりました。２０２０年の緊急事態宣言が解除された後も、感染のリスクは高く、外出する気持ちにはなれませんでした。

最高値を更新したが、わたしは売り時を逃がしたよ！
悔しいですね。

金は１００グラムのインゴットなら無税

それはともかくとして、金を贈与するときには、キロバーはお勧めできません。というのも１００グラムのインゴットにしないと贈与税を徴収されるからです。

日本マテリアルなど、１００グラムに精錬加工する業者があるので、利用するといいでしょう。手数料は必要になりますが、贈与するつもりで１００グラム単位の金を買っておくことをお勧めします。

今は価格が高くなっているといっても、１キロ６８０万円ぐらいでしょう。１００グラムなら68万円。贈与税は、基礎控除１１０万円までが無税になりますから、効果的な贈与方法になります。

金の定額購入システムを準備している業者もあります。それを利用して、たとえば毎月1万円分の金を購入するとか。

わたしもこのシステムを利用して30年以上金を定額購入してきました。もう2キログらいにはなっています。これは便利だよ！

コンピューターで在庫管理されているので、たとえば孫に金を贈与したい時は、贈与税の基礎控除分にあたる110万円の範囲で、適当なグラムを売却して現金贈与すればいいわけです。100万円未満の売却なら法定調書の発行も不要です。

ちなみに金を買うなら田中貴金属のような一流店でなく、二流の業者から買う方が賢明です。

業者の手数料上乗せ分が安いからです。売るときには田中貴金属で売れば高くなります。

田中貴金属は唯一の金精錬加工業者なので、同じインゴットでも田中貴金属製のものを売ると高く買い取ってくれるのです。

その他、スイス銀行とか三菱マテリアルもランクが落ちますが許容範囲です。北朝鮮の金塊みたいに刻印のないものはランクが落ちます。

そういえば、確か金丸某が北朝鮮から金塊をもらったとかいった話があったよな！
同じ金塊でもランクがあるから要注意だ。

先物取引で失敗し、養母から借金

金を購入した後は、あくまで長期間寝かしておくのが鉄則です。金の先物取引はお勧めできません。損するリスクの方がはるかに高いのです。

わたし自身も金の先物業者に騙されて、大きな損害を被ったことがあります。

金の取り引きは現物が鉄則であることを理解していながら、先物取引を勧められて、ついついその気になったのが運の尽きでした。

追い証で首が回らなくなったのです。先物取引で損失が膨らみ、証拠金の不足が出れば追い証を要求されます。アリ地獄です。

結局、わたしは金の先物取引では1円も稼ぐことができませんでした。大きな損害

を出し、それを埋め合わせるために、養母から６００万円を借金して切り抜けました。

しかし、養母には、「金の先物で損した」とは言えず、「株式で損した」と言ってごまかしました。

「お前が株式で損するとはねー」

借りた６００万円のうち、３００万円ぐらいは返し、残りは相続財産の前渡しになってしまいました。お袋さん、「ゴメン」。

わたしが金の先物取引で行き詰まったころ、先物業者の監査室長が黒塗りの車でこっそり来ました。車の中で話をしました。

「もう悪いことといわないから手仕舞いしたらどうかね」

「冗談いうな！　そそのかしたのは手前らの方じゃねーか」

カミサンにバレないように苦労しました。

先物業者の取引部長がこんなことを言いました。

「相場は楽しんでやるものですよ！」

「ウルセエ！　よくいうよ！　テメイらのおかげで手数料だけで1000万円ぐらいカモられたのによ！」

これに懲りてわたしは先物取引はすべて損切りし、その後は金の現物取引だけにしました。幸いに金の価値が急騰したので、リベンジを果たしました。

余談になりますが、わたしの知り合いに30年ぐらい前から少しずつ金をため込んでいた顧問先会社の社長がいます。

もちろん会社の財産保全が目的です。金は高値を更新しており、この社長は先見の明があったといえるでしょう。

今は、コロナ対策で従業員の雇用を守るため、金を活かしていることだろうと想像します。

第3章

税理士はつらいよ

「大体あんたら税理士を俺達は喰わしてやってんだ」

２００６年に、衝撃的な映画が放映されました。『不撓不屈《ふとうふくつ》』というタイトルの映画です。ＴＫＣの創設者・飯塚毅税理士が国税当局に弾圧された飯塚事件をドラマ化したものです。

この事件の発端は、飯塚事務所が顧問先企業の節税対策として、会社の利益を還元することを目的とした「別段賞与」を設けるようにアドバイスしたことです。そして実際に「別段賞与」を支給させて、それを経費として計上したのです。従業員が喜ぶと同時に節税対策にもなります。

この方法は当時から違法行為でもなんでもありませんでした。ところがなぜか国税局はそれを認めず、修正申告するように通知したのです。

昭和37年10月16日、飯塚税理士は東京国税局長を相手に「別段賞与」の処理が合法であることを確認するための税務訴訟を起こしました。これに対して、東京国税局は飯塚税理士の顧問先に不当な圧力をかけるなどして、飯塚税理士の孤立化を図ろうとします。

しかし、飯塚税理士を支援する世論が高まり、国税局からも内部告発があり、7年の裁判闘争の末に飯塚税理士が勝訴します。

事件そのものも興味深いですが、それよりもこの事件を通じて、税理士の業界が旧体制から脱皮した意義は計り知れないものがあります。

『不撓不屈』の中で、国税局の訟務官が吐いた暴言をわたしは忘れることができません。

「日の丸しょってんだヨ！　大体あんたら税理士を俺達は喰わしてやってんだ」

国税局の申告納税制度に基づく調査があるから、用心棒稼業の税理士業が成り立つという発想です。

これに対して飯塚税理士は、税理士は国税局の下請けではなく、法に則して、公正・中立の業務を行うのが任務であるという理念を持っていました。それゆえに「別段賞与」の合法性を譲らなかったのです。

この事件を契機として、税理士の使命を規定した税理士法も改正されました。

「納税者の権利を擁護し、法律の定められた納税義務の適正な実現を図ること」という記述が削除され、税理士は「独立した公正な立場において」業務を行うことが定められたのです。

わたしの顧問先会社の中には、

「利益でたとおり申告するなら税理士はいらないよ！　税金やすくしてナンボでないの！」

と言う社長もいます。

経営者には欲がありますから、甘い顔をすると脱税や節税指導を強要してくることもあります。特に訴訟になって、税理士が訴訟補佐人に就任した場合は、このような要望が強くなります。

こうした事態を避けるために、税理士は、税法の観点から納税者の主張が適正であると認めた場合に限り、裁判の補佐人として働くべきでしょう。

納税者の権利を擁護するのが税理士の使命の前提であるとしても、納税者にべったりではこまるのです。

このような考え方が、飯塚事件の後、広がってきたのです。ただ、実際には理想どおりにはなっていませんが、その理念は認識されるようになりました。

ちなみにわたしはＴＫＣの会員ではないどころか、「非行税理士」になりそうだった落ちこぼれですがね！

だから税理士人生も波瀾万丈なのよ！

税理士は下請け⁉

飯塚税理士のおかげで、税理士の独立性が認識されるようになりましたが、それでも税務署の「下請け」から脱し切れない面もあります。

たとえばそれは、所得税の確定申告の時期に思い知らされます。

毎年、2月16日から3月15日までが所得税の確定申告時期です。税理士にとっては一年で一番の繁忙期です。

ところが2月末が決算の会社もかなりあり、このような会社の確定申告は2月中に完了しません。3月に入ってから、わずか2週間ほどの短期間で大量の所得税確定申告書を作成しなくてはなりません。

税理士にとっては、3月が終わらないと正月が来た気がしません。

この多忙な時期に税理士はもうひとつの仕事に追われます。事務所での仕事の合間に何度か税務署の確定申告税務援助業務の手伝いに駆りだされるのです。税の知識のない一般納税者が確定申告するのを補助する仕事です。

税理士会が、税務署へ税理士を派遣した形になります。この業務はやむを得ない面もあり、税理士会も協力しないわけには行きません。

今は会場でｅ－Ｔａｘ（電子申告）に誘導することが当たり前になり、それに伴い手続きも簡単になりましたが、依然としてかなりの労働を要することには変わりません。

以前は、大変な重労働でした。納税者が医療費控除の領収書を大量に持参してくると、計算をチェックするだけでも大変でした。

今は医療費を総括した医療費通知だけで処理できるようになりました。医療費の領収書を保存する義務はありますが、添付は不要になったのです。合理化されたのです。

それでも税理士にとっては多忙な時期ですから、大きな負担になります。

この「アルバイト」は、70歳を過ぎなければ免除されません。

日当はたった1万円ぐらいです。この日当で、1日に20人も30人もの申告代行するのは苦痛です。

七転八倒だ！

あるとき某税理士会の会長が対策として、国税当局に媚びるかのように、税理士会の会員事務所で申告期間中無料相談申告をやれば、税務署が設営する確定申告会場はいらなくなるかも知れないと提案したことがあります。

まさにこれが下請けか！

これで税理士会の地位が分かるよな！

税務署や国税局は、未だに税理士を喰わせてやっているという感覚なのでしょう。

税理士の理想は、独立した公正な立場

読者の皆さんは、税理士にどのようなイメージをお持ちでしょうか。残念ながら、税理士の仕事は、税理士法がうたっている理想どおりにはなっていないのが実態です。

神経をすり減らす仕事ですが、中には悪いクライアントもいますから、真面目にやっていると自分がバカを見ることもあります。しかし、それが日本の税理士の実態なんです。

弁護士は自分で自分の身を守れますが、税理士はそれができません。弁護士と税理士では、社会的な位置づけが根本的に異なります。

税理士は、実体としては依然として税務当局の下請けで、自由職業人とは名ばかりです。

ほとんどの税理士が行政の下請けになっています。監督官庁によって資格を与えられたり、奪われたりするからです。

しかし、税理士の使命は税理士法第1条に次のように明記されています。先に紹介した飯塚事件の後に改定されたものです。

「税理士は税務に関する専門家として、独立した公正な立場において、申告納税制度の理念にそって、納税義務者の信頼にこたえ、租税に関する法令に規定された納税義務の適正な実現を図ることを使命とする」

ここでいう「独立」とは、税務当局から独立しているだけではなく、納税者からも独立した立場を意味します。

実際、大手の税理士事務所の中には、このような理想を実現しているところもあります。たとえば飯塚税理士が設立された最大手のTKCは、次のように宣言しています。

「真正の真実に準拠する業務をする為には、第一は企業経営者の心に常にベルトを引っ掛けて、彼らを不正経理に走らせない工夫を凝らすこと。第二は関与先企業の現場に出かけて行って、会計処理の網羅性、真実性、実在性を確認してくること。少なくとも月に一回以上は、関与先を訪問して（中略）ときには厳然として警告を発することが絶対の条件となる」（『職業会計人の使命と責任』飯塚毅・ＴＫＣ出版）。

これってスゴイ言葉だな！

しかし、わたしのように小規模な税理士事務所の場合、顧問先会社と税務署の間の板挟みになって随分苦労することもあります。大手の税理士事務所のようにはいきません。

渥美清の「男はつらいよ」ではありませんが、「税理士はつらいよ」と言いたいことがたびたびあります。

右翼！街宣車！名刺を手渡したのが運の尽き

税務調査で脱税を指摘された顧問先会社が、勝手に動いたために、わたしが大変な目にあったことがあります。発端は、顧問先会社の社長からの一本の電話でした。

「政治家の秘書に頼めば、追徴課税が半分になるというので、先生に交渉に立ち会ってほしいのですが」

仕事ですから、わたしも断るわけにはいきません。

ホテルの会議室で連中と会いました。国務大臣の政策担当秘書、ヤクザまがいの男、わけの分からない取り巻き連中、それにお抱えの税理士までいました。見たところは紳士面です。名刺を差し出されたので、やむなくこちらも名刺を出しました。

これが運の尽きになるとは、その時は思わなんだ！

わたしが関係書類を点検した限りでは、修正申告をすれば何も問題はなかったので、連中の気分を害さないよう丁寧に介入を断りました。連中はそそくさと引き上げていきました。

問題はそれから起きました。この社長はバカで、成功報酬を前金で払っていたのです。成功報酬は、仕事が完了してから支払うものなのですが、後の祭りです。

ところがこの社長は、修正申告が無事終わった後、前金の半分を返せとヤクザにねじ込んだのです。

いい度胸してるよな。

連中はいったん手にした餌を取り戻されてアタマにきた。

そりゃそーだわな！

坊主憎けりゃ袈裟まで憎しで、話し合いに立ち会った税理士のわたしを恐喝してきたのです。

「俺達の出番がない。どうしてくれるのか」

連中は、不当に申告税額を減らしたとか、税務署と納税者が談合したとか、いちゃもんをつけてきたのです。

ふざけやがって、こんな顧問先はこっちから願いさげだ！

わたしはこの会社との顧問契約を解除しました。

それからが大変でした。攻撃の矛先が全部わたしに向けられるようになったのです。

自宅をかねた事務所に、ヤクザの手下と思われる右翼から恐喝状が届くようになりました。カネを払えとは書いていませんが、刑事罰に相当し、懲役刑に服すべきだとか書いてあります。違法行為ぎりぎりのところで脅してくるのです。

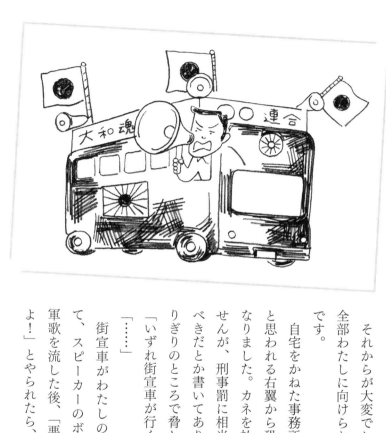

「いずれ街宣車が行くから覚悟しろ」

「……」

街宣車がわたしの自宅兼事務所へ来て、スピーカーのボリュームを上げて軍歌を流した後、「悪徳税理士を糾弾せよ！」とやられたら、おしまいです。これにはさすがにこまりました。

わたしがなにか落ち度のあることをやったという誤解を受けます。税理士としての信用が失墜してしまいます。

どうやって自分の名誉を守ったらいいのだ。

警察に連絡して、パトカーを張り付けてもらえばいいのか？

幸か不幸か、連中は言いたいことだけ言って5分ぐらいで帰ってしまうでしょう。が、たとえ5分でもダメージは大きい。わたしの信用も近所の評判も丸つぶれになります。

結局、泣く泣くカネでケリを付けました。

解決金として、右翼団体へかなりの額の「寄付金」を支払い、その領収証をもらいました。

これがあれば、2次団体や3次団体からのたらい回しで恐喝を受けたときに役立つので保管するように言われました。

お守りになるそうな！

もう時効だが本当にまいったよ！

カネは払ったが、いい勉強させていただいた。

こんな経験そうザラにできるものではないな！

ほとんど表には出ませんが、税理士の世界にはこういうことも時々あるのです。

顧問先会社にとって税理士としての最良のアドバイスをした結果の災難ですから理不尽です。

記帳代行業務は ゴミサライ

税理士といえば、単に税金に関する業務だけを行っているような印象がありますが、現在では多くの事務所が何らかの副次的業務を兼務しています。

たとえば大手の税理士事務所になると、役員報酬や役員退職金支給の統計データなどを集積して、決算結果を財務分析するシステムを構築しています。

これらのデータを使って、顧問先会社に経営のノウハウをアドバイスするわけです。いわば経営コンサルタントの側面もあるのです。

しかし、大半の事務所は規模が小さく、データの蓄積量も限られているので、コンサルタント業はあまりできません。アドバイス程度です。

中小の税理士事務所の付随業務の代表格としては、次に述べる記帳代行業務があります。

そもそも税理士業務は、「税務代理」、「税務書類の作成」及び「税務相談の事務を行う事」（税理士法第2条）です。単に、これだけならごく普通の業務ですが、注目してほしいのは税理士法第2条次の条項です。

「税理士は税理士業務のほか、税理士の名称を用いて、他人の求めに応じ、税理士業務に付随して、財務書類の作成、会計帳簿の記帳の代行その他財務に関する事務を業として行うことができる」

税理士の付随業務である「会計業務」は、実は税理士だけの独占業務ではないのです。誰がやってもいいのです。

言葉を替えると、会社の決算は誰がやっても問題がないことになります。簿記と会計学を知っていれば誰でもできます。その先の税に関連した申告書は、専門的な知識のある税理士でなければ作成できません。

こうした事情があるので大半の会社は、簿記と会計を自社独自にやっています。これを指して「自計化」というのですが、問題は10人未満の零細企業では経理担当者がいないので、自計化できていない場合が多いことです。

会社経営者にしてみれば、経理の事務員を雇って人件費を払うよりも、外注した方が合理的です。その方が経費が安いとソロバンをはじきます。

そこで税理士が記帳代行業務を請け負っていることが多いのです。しかも、それが税理士の基礎収入になっていることが少なくありません。

綺麗な言葉で言えば「アウトソーシング」ということになりますが、中身はゴミサライみたいな仕事です。オカネにはなるので税理士事務所としてはありがたいわけです。

わたしの事務所も例外ではありません。顧問先会社を訪れて、帳簿伝票や領収書を収集して持ち帰るのです。

これが零細な税理士事務所の実情です。決して華やかな世界ではないのです。

ゴミサライが税理士のおしごと!?

酷い会社になると引き出しの中に領収書を乱暴に保管しているだけなので、税理士わたし自身がシワをのばして「カルタ取り」して科目別・日付順に整理します。自分を卑下するようですが、ゴミサライみたいな仕事です。

わたしとしては、顧問先会社も自計化を進めるべきだと思いますが、同時に自計化されてしまうと税理士の仕事が減るので、複雑な思いです。

恥ずかしい話ですが、わたしの税理士事務所の基礎収入は記帳代行収入です。相手が零細企業なのをいい事に、「自計化」を指導しない怠慢な「悪い会計事務所」なんです。

職業会計人のプライドが泣くよな。

税務の専門家以前の問題だ！

藪医者は、いつまでも患者が来院してくれれば、収入になります。

だから、病気が治っても、

「もう来なくていいよ」

とは言いません。作家で精神科医のなだいなだがそんなことを言っていました。

税理士も同じで、本当は自計化するようにアドバイスしなければならないが、実際に自計化されると収入が減るので、それを口にしません。そのくせ高圧的な扱いに耐え忍んだりもします。

たとえば、ゴミサライをやって伝票類

を集めておくだけで、決算前になって慌てて処理してみたら大幅な利益が出ている。

「何でもっと早く言ってくれなかったんだ！」

と、どやされました。

身から出たサビです。こうなると経営者も悪いが、税理士も悪人か！

「オマエなあ！　なんとかしろよ」と、節税対策の提案を求められました。こうした状況の下で、苦し紛れに誰かを一時退職させるなどの脱税まがいの節税案を提案したりするのです。

経営者の欲をしっかり監視して不正に走らせないようにしながら会計や税務を行うのは、言うは易しで、毅然たる態度で臨むのは難しいのが実情です。

それがオレも含めた税理士の偽りのない実態なのよ！

税理士も生活がかかっているから大変だよ。

理想は月次監査の徹底

理想的には、毎月の月次監査に基づいて月次決算をキチンとやり、利益が出そうなら、そのつど合法的な節税対策を打てばいいだけのことです。これは飯塚税理士の考え方で、理論的には別に難しいことではありません。

しかし、零細な税理士事務所ではそこまでの余裕がないというのが実情です。

ＴＫＣのシステムが優れているのは、会員税理士の出した月次データを計算センターの大型コンピューターで集計するが、締め直しはしない点です。つまり毎月の月次監査を徹底するのです。実際、それに基づいて「記帳適時性証明書」を発行しています。実際、ホームページでは次のように自社のポリシーを宣言しています。

「ＴＫＣシステムでは、過去の仕訳および過去の勘定科目残高に対する追加・修正・削除の処理を禁止しています。また、勘定科目の前期末残高は当期首残高に自動的に切り替わるため、コンピューターの裏操作により期中および期末の勘定科目残高が改ざんされることはありません」

これがＴＫＣの真髄です。当たり前のことですが、経営者の不正を擁護する誘惑を断ち切って、税理士精神に徹底しているところが立派です。

ＴＫＣでは、改ざんは絶対に御法度です。そういう評価が定着しているので税務署も信用しています。

聞くところによると、ＴＫＣの会員事務所は、税務署調査の立ち会いはしないそうです。完璧な月次監査をやっているからにほかなりません。

すでに述べたように、飯塚事件をモデルにした映画『不撓不屈』で、国税局の職員が飯塚先生に向かって、

「日の丸しょってんだヨ！　あんたら税理士は俺達が喰わしてやってんだ」

と、言う台詞があります。あの台詞は一面では当たっているわけですが、少なくともＴＫＣに関しては的はずれです。

実際、飯塚事件がきっかけで、税理士法が改正され、税理士の使命が「独立した公

正な立場」に立った業務を遂行することと明記されたわけです。税務当局から独立した公正な立場に立つことは言うまでもなく、顧客からも独立した公正な立場であることを宣言したのです。

税理士は、顧客の単なる「用心棒」じゃないぜというプライドかな！

もう一度言うよ。

バカ真面目に独立・公正な税務をやるのがＴＫＣのスゴイところだ！

経営学者のドラッカーは、経営者の資質でもっとも大事なのは「真摯（インテグリティ）」であると言いました。いわば高潔・清廉であることです。

わたしはアップルのスティーブ・ジョブズが言う「ハングリーであれ！」「愚かであれ！」にも共感します。ＴＫＣの監査システムは、まさにこの考えに基づいているのでないかとすら思います。わたしは愚直という言葉が大好きです。

オレの税理士人生はそろそろ終わりだけれど、若い駆け出しの税理士だった時にＴＫＣに入っていたらまた別の税理士人生があったかもな！

今更遅いけどな！

税理士事務所の内実は？

ＴＫＣとは違ってわたしの税理士事務所は、比較にならないほど小規模です。しかし、わたしだけが例外ではなく、零細な税理士事務所は日本中いたるところにあります。

わたしの推測になりますが、小規模な税理士事務所は、所長税理士のほかに女子職員１人の２名ぐらいの規模で経営しています。事務所は税理士の自宅を兼ねていることが多いようです。

中堅の税理士事務所では、所員が10人から20人くらいになります。ＴＫＣのような大手の事務所になると所員も１００人を超えます。税務署を退官したＯＢ税理士を積極的に採用したりします。ＯＢ税理士は、税務署に顔が利くので重宝がられるわけです。

最近はネット広告を流す大手事務所もあります。たとえば、「相続税専門」という点をＰＲし、相談電話を設置して多数のクライアントを集めるわけです。こうなるとビジネスとしての税理士業の側面が強くなります。

クライアントの数は、大手事務所になると５００社を超えると思います。確か映画『不撓不屈』の中では、飯塚税理士事務所のクライアントが６００社という設定になっていたと記憶しています。

わたしのような零細事務所の場合は、もっとも多い時でも30社ぐらいです。それもなぜか同族会社が多いのが特徴です。顧問先会社がどんどん廃業したり、トラブったりして現在は20社ぐらいに減っています。

顧問先が減るたびにカミサンが言います。

「あんたは常識がないから、いつか大きなヘマやるに決まっている」

わたしに何か落ち度があって断られたのではないかと疑われるのです。

まったく信用がないな。

アタマくる。

「また収入が減るのね」

寂しそうな顔をされると本当にいやになる。

男は寅さんじゃないが、そういうことを言われると本当に辛いよ！

言っちゃ悪いけど、カネ稼いだことがない女性にそういうことを言ってほしくないよな！


顧問先の減少で収入が減ったとはいえ、わたしは自分のプライドを殺してまで、記帳代行をやりたいとは思いません。ゴミサライみたいな仕事は惨めです。

もういい加減いやになったので、たちの悪い会社に対しては、先方から疎遠にしてくるように仕掛けたこともあります。案の定、顧問契約解除になりました。

正直ホッとしたよ。

でも妻に寂しそうな顔された。

やはりカネのためだけに仕事をしたくはありませんでした。わたしにも職業会計人としてのプライドがありますから。

「どんなにいやな思いをしてきたか、あんたには分からないだろう」

初めて女房に啖呵《たんか》を切りました。この時ばかりは、妻も何も言いませんでした。

少しはオレの苦しみも分かってくれたのかな！

わたしの事務所は小規模ですが、地道に働いてきたので預金はあります。事業を拡大しませんでしたが、わたしには低空飛行が似合っています。

机と椅子、携帯電話、パソコンで仕事ができる。自宅兼事務所なので家賃も払わなくていい。固定費は、ほとんどゼロ。モノを売る商売ではないから、粗利益率１００％。人件費も発生しない。女房を青色専従者にして、名目上だけ給与を払い節税します。

長い間にはわたしの相続財産も専従者給与でかなり減らすことができます。こんなローコスト経営を30年以上も続けていれば、十分な老後資金もできるのです。

しかし、このところ記帳代行収入が少なくなったうえに、ＡＩの時代が到来しましたから、税理士も喰うのは大変な時代になり始めています。

税理士の業界にも時代の波が

ＩＴ化の波は税理士の業務をも変え始めています。すでに述べたように大手の税理士事務所では、大量にデータを集めて、それを基にクライアントに経営上のアドバイスをすることが当たり前になっています。

基礎収入を記帳代行に頼ってきた零細の税理士事務所にも、変化の波は押し寄せています。たとえば会計ソフトを使えば記帳を自計化できるようになります。

レシートや領収書をＰＯＳレジみたいに、スキャンすると内容を簡単に取り込むことができます。日付も記録されます。ＡＩにより普通預金通帳やクレジットカードを自動取込・自動仕訳することもできます。

つまり伝票をかき集めて持ち帰る必要がなくなったわけです。

こうなればかつては経理を会計事務所に外注していた零細企業も経理を自社でできます。まさに「自計化」できるわけです。

一方、税理士事務所でも、経営の効率化が進んでいます。しかも、コンピューターはリースが主流だったが、今ではソフトに関してはレンタルになっています。商売止めても、レンタルだから追加費用なし。

ソフトレンタル料は、月額で3万円弱です。性能も優れています。昔は、最低でもコンピューターマシンとソフト一式で300万円から500万円ぐらいかかりましたが、今では月3万円ぐらいのレンタル料ですみます。

このような環境の変化に伴って、仕事そのものも効率的になりました。しかし、あまり表に出ない問題もあります。人間が職場から排除されてしまうことです。人員整理が促進されることです。

額に汗する労働は社会貢献であり、働く喜びを人に与えてくれます。しかし、問題はIOTやAIが進化すると、雇用そのものが奪われてしまうことです。

かつて人間がやっていた仕事をロボットが担当し、しかも、人間よりも正確に作業することができます。

営業利益率が40%の会社も出現

税理士という職業柄、わたしは世の中に危険な兆候が現れていることを数字で読み取れます。たとえば人間の労働をロボットが代行するようになってのち、人件費率が極端に減少して、営業利益率が40%も出るメーカーが現れています。

かつては、考えられない現象です。これまでは人件費の割合が高い企業が圧倒的に多かったのですが、今は必ずしもそうではありません。ロボットと連携して、ひとりで事業を展開することもできます。

たとえばインターネットでダウンロードするかたちで教材を売れば、人件費はほとんどかかりません。消費者は、音楽ＣＤやＤＶＤを買わなくても、サブスクリプションの定額前払い金方式を使えば、映画は見たい放題、音楽は聞きたい放題になります。もはやＣＤやＤＶＤを製造する必要がなくなっているのです。

こうなると届ける人も必要ありません。物流が不要になる。当然、利益率はかつて想像できなかったほど高くなります。生活は便利になりますが、問題は経済が回らなくなることです。この点が意外な盲点になっているようです。

税理士の視点から見れば、雇用があり、労働の果実が分配され、GDPの60〜70％が消費されることによって、はじめて経済は成長するのです。

労働分配率や実質賃金が下がりっぱなしで、雇用が減少すれば、当然、モノは売れなくなります。経済成長もしない。

これがデフレの悪循環です。一部の、それもほんの少数の人達だけが潤うことになります。が、その少数派も返り血を浴びます。

カール・マルクスが言っているように、資本家は生産手段を独占所有し、労働者は労働力しか売るものがありません。

ここでいう生産手段とは、概念を拡大するとAIやIOTなどの自動システムも含みます。ロボットが新しい時代の生産手段なのです。

今後、労働者不在の経済がますます拡大して、いくら利益が出てもその分配がほとんど行われず、富が集中してしまう現象が起きるでしょう。貧富差が二極化してしまうのです。

ＡＩとＩＯＴの進化で、ジョージ・オーウェルが危惧したような監視・管理社会が出現しなければいいがネ！

本気で危惧するよ。

生き残るのは、物流、飲食店、アパレルなどの労働集約型の職種だけでしょう。たとえば飲食店の場合、自動皿洗い機などで一部は自動化されるでしょうが、調理や配膳の人員はリストラするわけにはいきません。

とはいえ、コロナウイルスの感染拡大で、ロボットのウエーターを導入する動きもちらほらみえます。それが普及すれば、さらに人間の労働力は不要になります。

物流でも荷物の仕訳は自動化が進みますが、消費者にデリバリーするのは人です。もっとも、これにしてもドローンで「置き配」するのであれば話は別ですが。

介護事業サービスの場合は雇用なくしては成り立ちません。その介護業界でも最近、異変が起きています。『週刊ポスト』（２０２０年7月31日）に「リバティひまわり」という自動排泄処理装置の記事が出ていました。

改めて言うまでもなく、海外でもインターネットやＡＩを活用して、人の雇用をなくし、あるいは極端に少なくした業種が世界的に注目されています。Google、

Amazon、Facebook、Appleなど、いわゆる「GAFA」です。

しかし、人間の労働力を職場から排除する傾向が進めば、貧富の差はますます広がり、社会が二極化するでしょう。というよりも、ほんの少数の富裕層と圧倒的に多い貧困層に分かれるでしょう。

ここが深刻なのよ！

資本主義の限界ではないの！

そこへきてコロナだろ！

人が完全自粛で物理的に動けない状況だろ！

税理士業は……税理士の会計業務はすでに述べたように、IT化されつつあり、今後、それがますます進むでしょう。もはや伝票のゴミサライに頼る時代ではありません。TKCの月次監査業務も自動化されるのではないかと予測しています。

こうした状況の下で、税理士に残されたのは経営計画、経営者の意思決定のサポートや法律家としての税務・節税コンサルティングなどです。TKCがその先端を走っているわけです。

税理士も、ドラッカーの言うところの知的労働生産性の高い職種にならざるをえないのではないかと予測しています。そうしなければ税理士はサバイバルできないでしょう。

税理士と公認会計士は、こんなに違う

ところで読者の皆さんは、税理士と公認会計士の違いをご存じでしょうか。両者を混同している人が多いので、誤解がないように説明しておきましょう。

公認会計士というのは上場会社の財務書類の監査を専門とする人々です。つまり上場会社が上場廃止にならないようにアシストする人々です。

従って株価を維持するために決算利益が増加するように便宜を図ることも、絶対にないとは言えません。

改めて言うまでもなく、一人で監査の仕事をすることはできません。そこで公認会計士は監査法人に所属してチームで監査業務を行うのです。

つまりサラリーマンです。年収は７００万円から８００万円ぐらいでしょうか。監査法人の経営者になれば、２０００万円から３０００万円ぐらいの収入になるのではないかと思います。

　これに対して税理士は税務の専門家で、独立した職業会計人です。従って、脱税とはいわないまでも節税のアドバイスを求められることが多いのが実情です。

　経理操作の方向性が会計士とはまったく逆になります。両者の守備範囲はかなり異なるのです。

　これあまり言わないけど大事なことよ！

しかし、現在の制度の下では、公認会計士の資格を取れば、自動的に税理士にも登録されます。その結果、会計士でありながら税理士業務で喰っている人が意外に多いのです。

公認会計士になるには弁護士につぐ難関国家試験をパスしなければなりませんが、資格を取得しても昨今は喰えない仕事になってきています。そこで公認会計士でありながら、税理士業務で喰っている人が多いのが実情です。

税理士は自分で事務所を経営している場合、2000万円から3000万円ぐらいの平均的年収になります。税理士事務所に勤めている税理士の場合は、700万円から800万円ぐらいです。

公認会計士の受験科目には租税論があります。そのために税理士に不可欠な税法科目は免除になっています。

しかし、税務を行ううえで、法人税法や所得税法は不可欠だというのがわたしの考えです。

ですから会計士も税理士試験を合格したうえで税理士登録してほしいものです。ただもらった資格では理論的には知っていても、実務を知らないので役に立ちません。

もちろんその逆もあります。実務さえできればいいというものでもありません。税務の理論が分からないと、税理士の使命が形骸化してしまいます。

弁護士でも納税訴訟専門の弁護士は、税理士試験の税法科目に合格しているのが普通です。

同様に公認会計士も本気で税理士業務をやるのであれば、税理士試験の法人税法と所得税法に合格してほしいものです。

「既得権」にあぐらをかいてはいけないよ！

「コロナ狂奏曲」の時代

税理士の願いは、顧問先会社の繁栄です。そのためのお手伝いをするのが、税理士の仕事です。世間はコロナウイルスの感染拡大で大変ですが、英知を結集して乗り切ってほしいものです。

こうした未曾有の事態に備えて企業は、半年か1年ぐらいは無収入でも生き延びることができるくらいの貯蓄があることが理想です。

ところが、日本の大企業は内部留保をため込んでいながら、株主に配当せず、設備投資もしない。外資系のファンドに攻められて、仕方なく自社株式買いなどでお茶をにごしたりもしています。

こんな「コロナ狂奏曲」の時代にこそ、売上大幅減少でも雇用守れよ！

株主配当無配でもいい！

コロナを機に、企業財務のあり方を変えるべきだろう！

大企業の経営者は、ドラッカーの言うような経営者としての真摯さがあるのか？

日産のゴーンの例に見るように、大企業でも不正が横行する時代だ。

大企業の経営者は根性がないんだ！

従業員を幸せにすればこそ企業は社会貢献できる。

利益は後からついてくるんだよ！

会社の目的は従業員を幸せにし、社会貢献することなんだ。

会社は小さくても経営哲学がなくちゃね！

こんなコロナのご時世だから、半年1年売上げゼロでも従業員の雇用を守れよ！　バカ真面目な経営者がドラッカーの言うところの真摯な経営者ではないでしょうか。

そんな青臭い正義漢の経営者はいないと思うだろう！　ところがいるのよ。中小企業家同友会の「社長の学校」の経営者は、バカがつくほど真面目な経営者の集まりで感心するヨ！

第4章

税務署OBの甘い汁

企業に天下っている税理士

毎年8月の暑い盛りに、汗をぼたぼたかきながら、早稲田大学で税理士試験を受験したのを思い出します。制限時間は、理論問題と計算問題で計2時間でした。計算問題は実務的なもので、最低でも1時間10分はみておかなければなりません。大きな電卓を持ち込んだものです。今のように小さくて軽いものではありませんでした。

そんな苦労が今はなつかしい！

理論問題は50分ぐらいで、暗記したものを要領よく書けばよかったのです。予想外の問題が出題された場合は50分ではきつい。

弁護士や公認会計士の試験は、全科目を一括して受験しなければなりませんが、税理士試験は単一年度で全科目を受験しなくても、1科目ごとに受験してひとつひとつ合格していけば資格を得ることできます。5科目分割の試験です。何年かかってもいいのです。

それゆえに働きながら資格を取得できます。

試験科目は、会計科目では2科目が必修です。簿記論と財務諸表論です。税法科目では所得税法と法人税法のいずれか1科目が必修で、残り2科目の選択科目は次の中から選びます。相続税法、消費税法又は酒税法、国税徴収法、住民税法又は事業税法、それに固定資産税法です。

わたしは税理士試験合格まで足掛け7年の歳月を要しました。

すでに述べたように、それまでは税理士事務所の職員でした。税理士試験に合格したのを機に独立して、自分で会計事務所を開業しました。顧問先は養父の会社と先輩から紹介された会社の2社でした。

結婚を機に古巣の会計事務所からも非常勤税理士として仕事をもらうようになりました。そしてその後、カミサンの実家がある地方へ引っ越し、そこに腰を据えて税理士の仕事をするようになったのです。

こうした経歴もあって、わたしは職能というものは、自分の努力で身に着けるものだという理念を持っています。

ところが、税理士の国家試験に合格していない税務署や国税局の職員が、退職後、税理士として企業に天下っているのが実情です。そのことに違和感があります。

税務署と企業との癒着

税務署や国税局からの「天下り」の実態について、税理士社労士事務所「ふじっくす」のネットブログは次のように述べています。

「税務職員等には一定期間を税務署等に勤務すると自動的に税理士資格が付与されるという特権があり、これにより、税務署を定年退職あるいは勇退（署長、副署長クラスになると定年後に後進に道を譲るという慣例がある）した税理士が毎年誕生する」

「この勇退する署長、副署長（指定特官を含む）には、税務当局が、退官後に開業する税理士として開業する際の顧問先をお世話していました」

「税理士としての顧問報酬は、最終ポストによって違いはありますが、地方の国税局長や東京国税局の調査四部長などは、億単位であるとも言われています。事実、元札幌国税局長の大物ＯＢ税理士が脱税で逮捕される事件が発生しましたが、そのとき脱税していた所得は7億４０００万円にものぼっています。5月の高額所得者番付（現在は制度廃止）に出て目立たないようにするために、当初の申告は少なくして、後で修正申告するという裏技まで使っている大物ＯＢ税理士もいたようです」

「税理士としての勤務実態は、月額5万円から多いものだと20万円以上の高額な顧問料を受取りながら年に1度か2度、顧問先と顔を合わせるだけといったものが少なくありません」

税理士の門を広くした弊害がこういう形で現れているのです。

ある時、わたしは税務調査に立ち会っていて、顧問先会社の経理部長に、税務署の調査官がこんなことを言うのを聞いたことがあります。

「今度、税務署長の○○さんが退官するんだが、お宅の会社の税務顧問としてどうか」
就職の斡旋依頼です。提示された顧問料は、月額10万円ぐらいだったと記憶しています。実務をやっているわれわれ税理士の顧問料が3万円ぐらいですから、比較にならないほどの高待遇です。

その顧問先会社は健全な経営をしていて、税理士の手のかからない優良な会社でした。

税務署から手心を加えてもらうような弱みはありません。丁寧に社長が断ったのを覚えています。

税務署さん、ふざけるなよ！

仮に顧問として受け入れられれば、顧問税理士が2人になるので「二階建て」になります。

関西の大手医療法人の税務調査で15人くらいの顧問税理士が立ち会ったという話を聞いたことがありますが、このケースでは「15階建て」ということになりそうです。

まさに税務署と企業との癒着だろ！

「オマエさんは黙っていろ！」

また、こんなこともありました。税務調査で顧問先会社に税務署の副署長待遇の特官がやってきました。

さすがに職人芸で調査能力が高い。微に入り細に入り調査した。社長に対する追及も厳しい。わたしが社長に加勢したところ、一喝されました。

「オマエさんは黙っていろ！」

当時はわたしも駆け出しの税理士だったので、甘く見られたのでしょう。しかし、特官はその後、自分の暴言を詫びました。

「オマエさんと言ったのは、悪かった。先生と言うべきだった」

嫌な奴だった！

この特官は、税務署を定年退官したあと税理士になりました。税理士になってこの会社の顧問に就任したのです。

社長に顧問として特官を採用した理由を尋ねたところ、

「あいつの調査は厳しかったが、面白い奴だったから、顧問にした」

と、言っていました。

顧問料は、月額5万円。それだけの価値はありました。グレーゾーンの問題が起きても、元税務署仲間のネットワークで解決することができたからです。

企業側も元税務署員や国税局員を受け入れてしまう温床があるのです。それだけ税務調査に神経質になっている証です。

研修だけで税理士資格を取得

1956年、税理士法の改正により、国税局や税務署の退職者を対象とした特別試験制度が誕生しました。

税理士の国家資格を取得していなくても、特別試験に合格すれば税理士の資格が取

得できる制度です。

時限立法でしたが、その期間がどんどん延長されて、いつのまにか特別試験が当たり前の制度として定着しました。

この法律の制定に先立って、税務職員組合からは、無試験で税理士の資格を付与するように要望が出されていましたが、税理士会の反対で、さすがにそれは実現しませんでした。特別試験でも多くの問題を孕んでいるのに、無試験で税理士の資格を得ようというのは、あまりにも虫がいい話です。

退職した後、再就職の口を求める気持ちは分かりますが、それで本当に税理士としての仕事ができるのかどうか、疑問が残ります。

というのも特別試験の場合、受験者の9割が合格するので、実質的には受験した者の大半が合格しているわけです。OB税理士の天下りを支援する制度といっても過言ではありません。

かつて6名の税理士が、特別試験が違憲だとして国に対し、特別試験の無効を確認する国賠訴訟を起こしたことがあります。

特別試験によって税理士資格を認めることは、著しく不合理な優遇措置にほかならないという主張でした。

裁判は、原告が敗訴しました。控訴しましたが、それも棄却されて敗訴が確定しました。しかし、その後、特別試験は廃止になりました。

わたしは税理士の受験勉強を7年間やって、試験に合格したので、特別試験を不愉快に感じてきました。

現在では、特別試験は廃止されていますが、それと引き換えに、「研修」を受けることを条件とした試験免除制度が導入されました。事実上、無試験になったのです。

税務署や国税局を退職すれば、自動的に税理士になれるわけですから、特別試験の廃止により、かえって制度が改悪されたことになります。税務署に23年以上勤務すれば、研修を受けるだけで税理士になれるのです。

第5回国税審議会（平成16年）議事録から興味深い記述を引用しましょう（出典：WEBサイト「Ｍａｒｋの資格Ｈａｃｋ（税理士試験）」）。

国税庁長官の発言です。

「なぜ日本において、職員が長期間、退職まで勤めるのかということについて、わたしが説明した一つは、勧奨退職をしても、すぐに生活の苦労といいますか、心配することなく、ある程度そういう人について紹介をして、税理士として成り立つようにしていることが、我が国において、職員がきちっと一生プロとしてやれるということなのですよ」

これを読んだ時、わたしはそこまでして身内を庇うのかよと思いました。

税理士の資格って国税従事者の定年後の再就職のために作られたの？

確かに税務職員としての実務経験は評価するが、偏りすぎでないか？

いくらなんでもやりすぎだろう！

税理士業界は寄り合い世帯

公認会計士の場合は、前述のように税理士登録もできます。また、弁護士は税法を含めてすべての法律に通じているという建前で、税理士登録ができます。

日税連による新規税理士登録者数の内訳は次のとおりです（2019年4月1日から2020年3月31日までのデータ）。

国家試験合格者28・07％

試験免除者52・4％

特別試験合格者0・04％

公認会計士17・64％

弁護士1・86％

税理士の場合、国家試験合格者の割合は低下傾向である一方で、試験免除者は顕著な増加傾向にあります。特別試験は廃止されましたが、その代わりに試験免除者が増えた結果にほかなりません。

大学院の修士課程修了者に対しても同じ優遇措置があります。税理士登録ができるのです。

税理士の息子が国家試験を受けても、なかなか税理士資格を取得できない場合、大学院に入学させて税理士にするのです。生活がかかっているとはいえ、堂々と税理士試験を受けて資格を取ってほしいものです。

このように税理士になるためのルートは複数に渡り、税理士業界はいわば「寄り合い世帯」なんです。

そこが問題なんだヨ！

適正納税の実現はそんなに甘くないぞ！

そもそも税理士制度は１９５１年のシャウプ勧告等に基づく「申告納税制度」の考えが基本にあります。納税者が自ら課税所得を計算して納税額を確定し、税を納付する制度です。

役所が一方的に課税標準を算定し、それに基づいて課税してくる賦課課税と異なり、一応は納税者に配慮した民主的な制度なのです。

しかし、税の専門知識がない者が、課税要件の当てはめを行うことは容易ではありません。それゆえに税理士のサポートが必要なのです。従って税理士の国家試験に合格していない者に、それだけの職能があるのかはなはだ疑問です。

シャウプ使節団の「日本税制報告書　第４巻D62」も、次のように税理士の資質について、苦言を呈しています。

「税務代理士の許可を受けているが、仕事の大部分は税務職員であった者（Former

Tax Officials）によってなされている。（中略）純所得の客観的捕捉が不十分であり、その結果として、税務署と納税者との間の交渉（Bargaining）が重みを持っている現在の状況下で、納税者の代理人（Taxpayer's Representative）としての租税専門家（Tax Technician）よりも、むしろ熟達した交渉者（Skilled Negotiator）が生み出されてきた。若干の場合には『交渉者』（Negotiator）という言葉は、買収（Fixing）、賄賂（Bribery）等をかくすための婉曲な表現（Euphemism）である」

わたしは、この言葉に退職税務官吏の汚職の温床を感じます。

税理士試験を免除してきた結果ではないか？

指定研修を受けて税理士になった人々は、元々は税を徴収する側にいたわけですから、納税者の立場に立つ税理士とは逆の立場です。この意識転換ができるのか疑問に感じます。

国税当局の花形は申告納税制度下の直税「調査」部門です。「ネズミを捕れないネコ」では駄目で、事実上ノルマもあるようです。ここ大事だ！　申告納税制度だから国税の仕事は「調査」がすべてだと言っても過言ではない！

これに対して税理士は納税者を甘やかして、脱税に走らせてはいけないが、同時に租税法律主義に乗っ取り、納税者の権利を擁護して、国税当局から不当な課税を受けないよう適正納税の実現に努めなくてはなりません。適正納税の実現はそんなに甘いものではありません。

ここがポイントですが、最終的には適正納税は国税当局の調査をもって担保されると思う。国税当局の正義と納税者の欲のせめぎ合い、納税者の権利を擁護しつつ、国からも納税者からも独立した公正な立場が、税理士の使命です。

税理士は税務調査で脱税を指摘されるのが怖い納税者を守る用心棒では断じてありません。用心棒稼業は納税者の権利を擁護することとは違います！　シャウプ勧告でいうところの『交渉者』のレベルです。

飯塚事件で国税がいみじくも言いました。もう一回言うよ！

「こっちは日の丸しょってるんだヨ！　だいたいあんたら税理士を俺達は喰わしてやってんだ」

税理士の地位を貶めているのは国税当局の方です。税理士は国税の下請けじゃないヨ！　納税者の用心棒でもないヨ！

税法や会計の理論をしっかり勉強することなく、そのような意識改革は難しいでしょう。その意味でも、国家試験を免除する制度には問題があります。ましてや調査部門での職務経験がない退職者に税理士の資格を与えることはやめるべきでしょう。

私見になりますが、国税調査官の方々は会計帳簿を調べる能力には長けていますが、会計帳簿の記帳や組み立てをやっていないのが欠点です。税理士の業務を適切に遂行するためには、簿記論は試験で合格しておく必要があります。

それと少なくとも自らの出身部門の税法から、最低でも1科目の試験には合格しておくべきでしょう。さもなければ税理士の使命を達成できません。つまり長年所得税部門にいた税務職員には税理士試験の「所得税法」に合格してほしいと思うのです。

第5章

日本の不公平税制の闇

累進税率と直接税

今までケチな落ちこぼれ税理士のくだらない話にお付き合いいただきましたが、そろそろ税理士としての見識も示したい！　見識というほどのものはありませんが、「これはないだろう！」といったことを本音で書きます。なるたけ専門用語を使わず、平易に書きます。

まず「課税の公平性」って何だ？　次の2つしかありません。なんも難しいことはないんだ！

①たくさん稼いだ奴が、たくさん払う、そうじゃない奴はそれなりに払う。これが累進税率です。一方、稼いだ奴が一律に税金を払う原則。これを直接税といいます。納税者＝負担者です。

②税金は「租税法律主義」を基調とした租税法の規定に従い、無駄な税金はビタ一文払う必要はありません。税金を取る、取らないはすべて法律で決まっているということ！　それでも後述するような武富士事件が発生することもあります。

ところが現実には不公平税制がまかり通るのは一体何故なんだ？　結論を言えば、問題は①にあります。

富裕層ほど得をする所得税制度や行き過ぎた法人税負担軽減、こういった特例は、えてして租税政策と称して、「租税特別措置法」が出しゃばってきた結果です。本法である所得税法や法人税法を軽視したものです。

まず税収の内訳を確認し、主な税収である所得税、法人税、消費税の特徴を少し丁寧にまとめてみました。我慢して読んでほしい！　読んでソンはないよ！　所得税法や法人税法の真髄を書いたからね。税理士の試験勉強で、予備校に通い国税局のお偉い講師の話に痛く感心したことがあるので、次にそのエッセンスを書きました。

税収は所得税、法人税、消費税

少し古いですが、2015年度政府予算では税収が54・5兆円（56・6％）、公債金つまり国債の発行が36・9兆円（38・3％）、その他の収入が5兆円（5・1％）。歳入合計は96・4兆円です。

国家予算は税収だけで足りず国債発行に頼っている慢性赤字財政といわれています。財政破綻間近と危機感露わか！

わたしは、こう言いたいです。財政赤字で悪いか？　コロンブスの卵で、財政はそもそも赤字で当たり前なんだヨ！　この勘違いの罠にはまっていいのか？　これについては章を変えて論じましょう。予告！

そこで税収の内訳だが、所得税16・4兆円（17・1％）、法人税11兆円（11・4％）、消費税17・1兆円（17・8％）、その他もろもろの税金。ちなみに相続税は1・8兆円だが、これはたいした比率ではありません。つまり税収は所得税、法人税、消費税の

3つがメインです。この3つの税収の変遷が問題なのヨ！　この点に踏み込む前に、3つの税収の特徴を説明しましょう。

一筋縄ではいかない所得税の課税対象

まずは所得税。所得税法は垂直的課税公平性が実現できる理想的な税法です。たくさん稼いだ人はたくさん所得税を払う。富裕層から取ってくれ！　庶民からは最低限にしてくれ！　所得の再分配機能が大事であるからです。だから税率には、5～45％の7段階のきざみがあります。これが「超過累進税率」制度です。

所得の中味を10種類の各種所得に分けて、その性質に応じた計算式により所得金額をはじき出して、総所得金額として合計します。さらに個人的事情（たとえば配偶者、子どもがいるとか障がいがあるとか）を斟酌《しんしゃく》した所得控除をしたあとの課税所得金額に累進税率を乗じます。至れり尽くせりの総合課税制度です。よくできているヨ！　感心するぜ！　もう一度言う、理想的な課税公平性に根ざした税法です。計算構造に深みを感じるヨ！

ただし永年勤続して退職した人の退職金については、勤続年数控除後の退職所得金額を半額課税とし、累進税率を乗じることによって、負担を緩和するという心憎い気遣いをしています。総合課税ではなく例外的に申告分離課税（後述）を適用しているのです。

山林の伐採または譲渡による所得については、長年の丹精が実った所得であり、そのまま累進税率を適用するのは忍びがたく、次のように配慮しています。

つまり、山林所得の場合は、所得を5で割って、累進税率を適用して、算出した税額を5倍にします。5分5乗方式の総合課税でなく、例外的に申告分離課税（後述）方式を取っているのです。所得の性質・事情に斟酌している本当に素晴らしい税法です。この2つの申告分離課税は弱者救済の意味での累進緩和です。

ところが、時限立法でもないのに、租税特別措置法がのさばり、申告分離課税制度は、課税公平性を守る累進税率でなく一定の比例税率（たとえば5％とか）で軽課する富裕層優遇の課税方式となってしまいました。

土地・建物等の譲渡による所得、株式等の譲渡による所得、一定の上場株式等の配当等は申告分離課税です。

さらに、預貯金の利子については、申告分離どころか、確定申告もしなくていい源泉分離課税になっています。つまりなにもしなくて根っ子から20・315％の源泉徴収税率で課税を完結させてしまうのです。これが富裕層優遇でなくて何だ？

これについては、その実体をよく考えてほしいものです。一例をあげれば、ユニクロの柳井社長や、ソフトバンクの孫社長はオーナー社長であり、会社からの配当は50億とか100億のレベルです。その配当所得に申告分離課税方式が採用され、総合課税の最高税率45％は適用されません。その結果、配当所得に対する課税は、半分以下の20・315％の課税ですんでしまうのです。こんなことでいいのか？ 50％引きだぜ！ 不条理な制度。これが富裕者優遇の極みです。

民主党政権時代の税制調査会資料は、申告納税者の所得税負担率（平成20年分）について、「株式等の保有により高所得層に偏っていることや、分離課税となっている金融所得に軽課していること等により、高所得層で所得税の負担は低下」と述べています。

なんと、合計所得金額が1億円で所得税負担率が28・3%です。合計所得が1億を超えるとアララ！　逆に下がっていくのです。2億で27・5%、5億で24・9%、10億で22・9%、……100億で13・5%。

これでいいのか？　所得税法の課税公平性が泣くヨ！　租税特別措置法によって歪められた結果です。戦後税制の根幹を決めたシャウプ税制が蘇ってほしいよ！　分離課税を廃止して、総合課税に一本化すべきだとわたしは考える！

その所得税率も、昭和49年に最高税率75%だったものから平成27年に45%に引き下げられています。

いかに富裕層が優遇されているか分かるというものです。75%から45%、その差30%の税収減を国は一体どこで落とし前をつけたのか？　じっくり説明するゼ！

アマゾンジャパンは合同会社

生身の人間で自然人である個人の所得について課税するのが所得税です。これに対して、法人税は読んで字のごとく法人に課税する税のことです。

法人とは何ぞや？　生身の人間ではありません。

まず「企業」とは、個人が（集まって）営んでいる事業や集団で、資金を募って形成され、経済活動をしている組織を指します。

一定の社会活動を営む組織体で、法律により特に権利能力が認められたものをいいます。法人企業の所得に対しては、法人税が課税されます。

個人が集まって金儲けしようと、欲の皮が突っ張って企業を作るのが一般的です。営利目的が第一です。有限会社はほとんどなくなり、大半は株式会社です。ナウいのが合同会社でしょう。たとえばアマゾンジャパン合同会社とか、ユニバーサルミュージック合同会社など。こんなイメージで、法人とは生身の個人でなく、金儲けロボットの株式会社か合同会社だと思ってほしい！　分かる？

我田引水の法人税法「別段の定め」

さて、金儲けロボットの株式会社や合同会社にどのようにして法人税課税するのでしょうか。ここからが本題だ！　しかし、これが拍子抜けでいたって簡単なのよ！インチキなのよ！　所得税法のような哲学はないのよ！　法人税法で定める「別段の定め」を除き、一般の公正妥当な会計基準で計算した会計上の利益が、そのまま原則的に課税所得になるのです。

要するに国税一流の物差しを当てて、たとえば甘い顔をしていると資本金１００億円以下の会社は冗費に走るので、接待飲食費の50％以外は通常、交際費損金不算入。つまり経費にしないわけ（しかし、１００億円超の大企業はすべて交際費損金不算入）。

でもな、資本金1億円以下の中小法人は接待飲食費の50％か８００万円以下の交際費、いずれか多い額が損金算入されるのよ！

それから同族会社の役員報酬も悪用されることがあるので、期中で上げ下げできないよう、定期同額給与しか損金算入させません。そのために企業会計上、当然会社の経費になるものが、法人税法上は損金不算入になったりします。

このように法人税法が定めている「別段の定め」というのが例外規定のオンパレードなのです。

企業会計上の利益に「別段の定め」に応じて加算、あるいは減算して、法人税法上の申告調整をすれば、課税所得が出てくるわけです。

簡単だろ！　所得税のような深みもなく課税哲学もないのヨ！　アパートか長屋のように横にだだっ広いだけよ！　たいしたことないよ！

だけど「別段の定め」は小姑のようにいっぱいあって、微に入り細に入りで結構やっかいです。それが法人税法の難しさなのです。

根本的にもうひとつ大事なことがあります。

所得税法は課税公平性を守るために多く稼いだ者がそれなりに高額の税金を払う、

累進税率です。申告分離課税という一定比例税率を適用した富裕層優遇措置が、所得税法の理想を歪めているのは前述したとおりです。

ところが、法人税の課税所得もそもそも累進税率ではありません。ところが意外にそれを疑問に思わない人が多いのです。

資本金1億円超は23・4％、1億円以下の中小企業は2段階で、800万超は23・4％、800万以下は15％の一定比例税率になっています。

この法人税率の変遷は、昭和59年の段階で43％（中小企業で31％）だったものが、現在このように減税されています。金儲けロボットの企業にこんなことを認めてはいけません。

これ意外と盲点なんだよ！　でも税理士でこれがおかしいという奴を聞いたことがありません。ところが、日刊ゲンダイの記事で山本太郎が、「法人税も所得税同様に累進税率にしたらいい」と吠えていました。税理士よりいい納税センスしてんじゃんと感心しました。

しかし、よくよく考えてみると、日本の実行税率29・7％（2017年）は、法人にかかる地方税も含めた実行税率でみると、グローバルスタンダードに追いついた程度です。今、飛ぶ鳥を落とす勢いのＧＡＦＡは、租税回避戦略を使って納税額は楽天の30分の1とか！　国際競争力向上から法人税減税は理解できますが、そう単純な問題ではありません。

グレーな巨大企業の税対策

『税金を払わない巨大企業』（富岡幸雄著、文春新書）には次のように書かれています。

「日本の法人税は本当に高いのか？　公開されている企業情報、直接取材によって明らかになったのは、驚くべき税負担の軽さ。巨大企業が正しく納税すれば、法人税減税も、消費税増税も必要ない！」

同書によれば手口はいろいろありますが、海外子会社からの巨額受取配当金を合法的に課税対象から除外することで、海外子会社が現地の低い税率でため込んだ利益を日本の本社に環流させたりします。その結果、本社が受取る配当収益の95%が益金不算入になっています。三菱商事、三井物産がこんなことをやっているんだヨ！　これって法人税法第23条の2、本法だぜ！　やりすぎか！

その他にも租税特別措置法による優遇税制の利用、タックスシェルター（租税回避の隠れミノ）の悪用、移転価格操作などもあります。

何度も言うが、本法ではない特例の「租税特別措置法」というのがいかに曲者であるかを物語っています。これで分かっただろう！　くやしいが、OB税理士の国際脱税の実務経験とか組織・情報力がものをいうのだろうな！　根が深いな！

『税金を払わない巨大企業』の帯には、次の数字が並んでいます。2013年3月期「ソフトバンク0・006%純利益788億8500万円→納税額500万円、ユニクロ6・92%純利益756億5300万円→納税額52億3300万円」。

富岡幸雄氏（中央大学名誉教授）は国税庁に勤務するかたわら、中央大学法学部の夜間部へ通い、第1回公認会計士試験、第1回税理士試験に第1号で合格されました。立志伝中の人物です。その富岡氏の『税金を払わない巨大企業』の一読を勧めます。

行きすぎた法人税減税を考えると、法人税の累進課税もまんざらではないとふと思ったりします。行きすぎた大企業の法人税減税の落とし前を国は一体どうつけるのでしょうか。そこが問題だな！

大企業を優遇する消費税

ハイ！　お待たせしました。消費税です。

『悪税が日本を滅ぼす』（大村大次郎著、新潮文庫）は、元国税調査官が暴露する不公平税制のからくりを暴露したものです。すごくいい本です。詳しくは自分で読んでくれ。一読オススメです！

大村氏の本より引用すると、「自分たちに直接かかる税金、法人税や所得税を減免し、その分を消費税を増税しろ、ということなのである。（中略）消費税が金持ちに有利な税金だから」。

国税の税収推移については、後述しましょう。言うまでもなく、「消費税は消費したときにかかる税金」です。GDPの60～70％が消費なので、消費税は経済成長を妨げるのです。

そんなことも分からないのかヨ！　財務官僚は頭が悪いんでネーノ！　それもカネ持ちも、貧乏人も同じ10％の消費税率になっています。これを水平的課税公平性と言います。一見課税の公平性を満たしているようですが、騙されてはいけません。逆進的で不公平なのが実体です。『悪税が日本を滅ぼす』を引用してみましょう。

「収入のうち、消費に回す割合が高い人ほど、負担率は高いことになる。低所得者は、収入のほとんどを消費に回さなければならないので、低所得者がもっとも負担率が高くなるのである。（中略）消費税は金持ちほど負担率が低くなる税金である。（中略）『格差社会いらっしゃい』という税金なのである。今の日本の税制は、富裕者に優しく、貧者に厳しい社会を作ろうとしている」

所得税や法人税は直接税であり、納税義務者＝担税者です。税金を払うとき痛みを感じます。消費税は間接税であり、納税義務者≠担税者です。納税の痛み感じさせずに徴税できます。為政者に都合の良い税金です。

次にWEBサイト「時事ドットコムニュース」から、【図解・行政】２０２０年度予算案・国の税収推移（２０１９年12月）を引用してみましょう。

お待たせしました！　ここから大事なことを推論できるんだヨ！　この税収推移のグラフから税目ごとに目盛りを読んでみましょう。１９９０年から２０２０年までの増収・減収を出すと、なんと驚くことに、所得税は28兆円から20兆円になっています。マイナス8兆円です。法人税は、18兆円から12兆円に。マイナス6兆円です。従って合計は、マイナス14兆円です。

一方消費税の導入時は、税率は3％で税収は5兆円でしたが、２０２０年には税率が10％で、税収が21兆円になりました。21兆－5兆円ですから、増加額は16兆円です。

これで分かったろ！　カネ持ちと大企業優遇で減った16兆円の税収を、消費税14兆円で埋め合わせたのです。取りやすいところから取ったのです。

財務省のやることはエグいね！

消費税廃止が最良のコロナ対策

消費税って本当にくだらない節操のない税金だ！　頭にくる！　税理士にこういうことをはっきり言う人はあまりいません。失礼な言い方になりますが、税理士は国税の下請けであり、税理士会も国税の下請けの集まりです。

税理士法で、「税理士会は、総会の決議並びに役員の就任及び退任を財務大臣に報告しなければならない」（税理士法49－9）、と述べていることでも分かりますが、弁護士会のような自治権はありません。

国税の言いなりで、毎年国に税制改正の建議等（税理士法49－11）なるものを出します。しかし、消費税反対なんて建議するのを聞いたことがありません。

税理士の中にも消費税に反対する人がいるかもしれませんが、聞いたことがありません。コロナウイルスの感染拡大を防止するために、10万円給付金や持続化給付金を支給するより、いっそ消費税を廃止するか凍結したら、すぐに21兆円減税になります。こちらの方が手っ取り早いのに、さっぱり消費税減税の話が出てこない！　いったいどうなっているんだ？

悲願だった消費税増税をあくまでつぶされたくない財務省の気持ちは分かるが、メンツにこだわる状況じゃないぜ！

所得税の分離課税制度を廃止して、総合課税に一本化しろよ！　そのためのマイナンバー制度でしょうが！　そうしたらカネ持ちは海外に逃げるか？　だが、NG！　出国税というみなし課税制度もできたぞ！　税務指南は国際脱税か？

実務ベテランの税務署OBがこんなことでいいのか疑問を感じます。お金持ちは愛国心を持ってほしいものです。アメリカの大金持ちで投資家のウォーレン・バフェットを見習ってほしいものです。

法人税の大企業優遇税制や特別措置法を止めろよ！　特例を所得税と法人税、2つとも止めれば消費税を廃止しても充分財源ができるぜ！　財務省、いい加減往生際が悪いぜ！　覚悟しろヨ！

武富士事件（国税敗訴）と租税法律主義（最高裁判決）

この最高裁判決は奮っています。最高裁で消費者金融の武富士が勝った裁判の判決このことです。国（税務署側）が敗訴したんだ！　平成23年2月8日の判決の要点は次のとおりです。

① **武富士事件とは、経営破綻した武富士の元会長夫妻から平成11年に贈与された外国法人株をめぐり、約１６００億円に上まわる申告漏れを指摘された長男Ａが追徴課税処分取り消しを求めたものです。最高裁で逆転勝訴した。**

② **贈与当時**（平成12年度税制改正前）、**海外居住者への海外財産の贈与は非課税で**

あった。長男Ａの「居住地」が日本国内か海外かが争点となった。

③ **最高裁判決は「客観的に生活の本拠としての実態を備えているか否かによって決めるべきだ」と判断した。**

次が奮っているんだ！　よく耳をかっぽじって聞いて貰いたい！

「贈与税回避の目的があったとしても客観的な生活の実態が消滅するものではない」

つまりＡの住所について、贈与時には海外にあったことを認定したのです。その結果、贈与税は非課税ということになったのです。

つまり武富士の長男は、海外で贈与されたら非課税になると知っていて、節税のために海外へ移住したということです。限りなく脱税に近い節税ではないでしょうか。

さらに奮っているのは、裁判長の補足意見です。裁判長も悩んで出した結論だったのでしょう。次のように述べています。

「一般的な法感情の観点から結論だけ見る限りでは、違和感も生じないではない。しかしそうであるからといって、個別否認規定がないにもかかわらず、この租税回避スキームを否認することには、やはり大きな困難を覚えざるを得ない。納税は国民に義務を課するものであるところからして、この租税法律主義の下で課税要件は明確なものでなければならず、これを規定する条文は厳格な解釈が要求されるのである」

物的証拠があれば認めると言っているんだ！　節税の裏に脱税意識があってもいいということか？


ちなみに憲法84条（租税法律主義）は次のように述べています。

「あらたに租税を課し、又は現行の租税を変更するには、法律又は法律の定める条件によることを必要とする」

ここで「法律」というのは憲法ではなく、憲法の下位にある個別法のことです。今回のように、贈与税を課するなら、相続税法（贈与税含む）の課税要件を定めることが必要です。どういう場合に税金徴収するのか課税要件が決まっていなければ、国税当局の暴走を許してしまうのです。

そもそも憲法は国民を国家権力の暴走から守るための法律です。今回の事件は課税要件が明らかになっていなかったから、長男Aに対する贈与税の申告漏れが幾ら巨額でも課税はできないのです。なお、この事件後、相続税法は改正されました。

しかし、国家は税収がなければ成り立たないので、憲法30条で納税義務の規定を定めているのです。

「国民は、法律の定めるところにより、納税の義務を負ふ」

納税義務と共に国民（納税者）の権利も擁護・保障しています。それが憲法84条です。

財政赤字で悪いか？
財政破綻するんかい！

第6章

財政拡大政策は当然だ

本書の最後に、国家予算の財源について言及しておきましょう。誤った情報が溢れていることもあり、税理士にとっては無関心でいられない問題であるからです。

日本は赤字財政です。これをどう見るべきでしょうか。赤字財政だから日本の未来は真っ黒だという考えが広がり、国民の大半がそれを信じています。

赤字で財政破綻と危機感を煽る奴が多すぎるんだよ！

問題はコロンブスの卵の議論のようなものです。結論を先に言えば、財政は赤字でも何の問題もありません。

それが当たり前と言っても過言ではないでしょう。赤字という言葉が誤解を招いているだけのことです。

そもそも、赤字というのは期間損益計算上の概念で、収益より費用が過大になっている状態のことです。言葉を替えると、国の歳入と歳出の差のことです。歳入が歳出を上回る場合を「財政黒字」、歳出が歳入を上回る場合を「財政赤字」といいます。ですから財政収支上の損益の概念ではありません。

このあたりが複雑なので、丁寧に説明しましょう。

まず、国家会計は企業会計とは性質がまったく異なります。企業は永続を目指しますが、倒産したり自己破産したりするリスクもあります。

たとえばコロナウイルスの感染拡大で、航空各会社は経営が苦しくなっています。このまま放置すれば、倒産して消滅することもあり得ます。

これに対して、国家は通貨発行権を持っているので、次々と紙幣を発行することができるので、消滅することはありません。うちでの小槌を持っているような状態です。ですから倒産もありうる企業とは、根本的に性質が異なるのです。

政府が直接発行する「政府紙幣」についてウィキペディアは次のように述べています。

「政府紙幣は国債とは違い償還不要で金利が付かず債務にならない利点があるからで

ある。また通貨供給量を増大させる手段でもある。裏づけのない政府紙幣を無制限に発行すれば猛烈なインフレーションを発生させる危険性がある」

しかしながら日本政府は、政府紙幣を発行していません。

参考までに、東洋経済オンラインの記事、『「健全財政の打破」で世界恐慌を克服した政治家』(2020年5月16日)を紹介しましょう。過去の教訓に学んだ貴重な提言です。

執筆者は経済産業省の官僚で評論家の中野剛志氏です。

「(1931年、高橋是清は)日本銀行による国債の直接引き受け、そして財政赤字の拡大など、ケインズを先取りしたケインズ主義的政策を断行した。その結果はまことに劇的なもので、1936年までに国民所得は60%増加し、完全雇用も達成したのである」

「当時、高橋が打ち破った『固定概念』の一つは、国家予算の収支均衡を原則とする健全財政論であった。(中略)今日の日本においてもなお、強固な『固定概念』として政策当局や経済学者、そして世論を支配している。(中略)高橋蔵相は、1934年、健全財政論はもはや時代遅れだと喝破し、均衡予算に固執していると、国家間競争の敗者となると警鐘を鳴らしていた。（中略）**政府自ら事業をなし、あるいは民間の事業を助けていかねばならぬ。**（中略）**歳出は一般の行政費だけで済ますことが出来なくなつた。ここにおいて事実上入るを計つて出づるを制するといふことが行われない時代になつてきたのである**」（太字は『経済論』高橋是清からの引用）

高橋は正しかったが2・26で暗殺されました。その後軍部の台頭で戦費調達のため財政拡大政策があだになってハイパーインフレが起きました。

だからインフレ防止のため日銀の国債直接引き受けを禁止する財政法第5条ができたのです。

国家財政というのは、健全財政＝収支均衡を原則とするやり方では駄目で、1929年のアメリカ大恐慌の際にも、米国はケインズのニューディール政策で乗り切りました。財政赤字の拡大を恐れる必要はないのです。

「高橋が財務大臣であれば、このコロナ危機に処するため、100兆円規模の財政赤字も躊躇しなかったであろう」（中野氏）

わたしが思うに、高橋是清の時と違うのは、日銀による国債の直接引き受けは財政法第4条、第5条で禁止されています。むろん政府紙幣は発行されていません。中央銀行である日本銀行が発行する日本銀行券は独立行政法人国立印刷局に日本銀行券（紙幣）の印刷を外注して製造費を支払って日銀が引き取ります。

そもそも国債の引き受けはどのように行われるのか？　国債は「入札」で国から金融機関に売られる。そして日銀が国債を金融機関から買うのを、市中消化といいます。日銀が国債を買い占めるので、債券市場が歪んでいるのは事実か！

しかし、これは日銀の国債の間接引き受けであり国債の市中消化は問題はありません。

今こそ公共投資を盛んに行うとき

健全財政＝収支均衡という考えを批判している人は、他にもいます。『週刊ポスト』（2017年1月20日号）の「日本国の『奇跡のバランスシート』大公開＆徹底分析！」

という記事に興味深いことが書いてあります。喜悦大学教授の高橋洋一氏のコメントです。

「ほとんどの国のバランスシートは債務超過状態です。それでも企業と違って破綻しないのは、政府には徴税権といういわば〝見えない資産〟があるからです。（中略）われわれ専門家は税収の25倍と計算する。（中略）税収40兆円とすれば1000兆円の見えない資産があるわけで、それを加味すると日本は全く債務超過ではない」

これが真実ですが、誤解を招いている原因は、日本の財務省が財務諸表を作成する際、政府単独ではなく、政府と中央銀行の財務諸表を合算した「統合政府」のバランスシートを作成していないからです。他の主要国はそれをやっています。

経済アナリストの森永卓郎氏によると、政府と日銀のバランスシートを合算して考えると、政府が発行した900兆円近い国債のうち400兆円は「統合政府」自ら保有しているから相殺され、実質的な国債発行額は500兆円に減るといいます。

現在の日本経済は日銀が物価を上げたくても上がらない。国債はゼロ金利でインフレの心配もない。これについて高橋教授は次のように言います。

「私が初めて国のバランスシートをつくった当時と一番違っているのはそこです。日銀の国債大量買い入れによって統合政府のバランスシートで見ると日本の借金は大きく減り、財政再建は終わったと考えていい」

さらに経済評論家の三橋貴明氏も『日本経済2020年危機　経済学の「嘘」が日本を滅ぼす』（経営科学出版）の中で次のように述べています。健全財政＝収支均衡という考えを批判しています。

「日本政府の負債は国債以外をも含め、100％日本円建てなのである。しかも量的緩和政策の影響で、すでに日本国債の約44％は日本銀行が保有している。日本銀行が保有する国債について、政府は別に返済する必要がない。理由は、日銀保有国債が『子会社からの借り入れ』になるためだ。日本銀行は、日本政府の子会社である。日本銀行の株式の55％を、日本政府が保有しているため、正真正銘の子会社だ。親会社と子会社間のおカネの貸し借りは、連結決算で『相殺』となる。もちろん、利払いも相殺となるため、不要だ」

日銀の国債買取りにより、実質的に財政再建は終わっているのです。それにもかかわらず財務省は、「まだ、日本は借金大国で増税が必要だ」としきりに繰り返しています。国家財政の黒字化にこだわっています。

財政破綻論の罠にはまるな！

財布のひもを締めずに、今こそ公共投資を盛んに行うべきなのです。ところが実際は減る一方です。日本の公共投資は、橋本政権以降に大きく減らされたのです（ただし、小渕政権と麻生政権は例外）。

日本は、世界屈指の自然災害大国であるにもかかわらず、インフラ投資の予算をどんどん減らしてきたのです。これは国家的な自殺としか言いようがありません。

政府は国債を返済する必要はない

わたしは、三橋貴明氏の『三橋貴明の世の中おかしな事だらけ』、『マスコミに騙されるな！』の愛読者です。こんなすごい評論家の記事が、『週刊実話』に連載されているのが信じられない気持ちです。きらりと光る記事です。ご一読ください。

連載の１７５回目は財政破綻論でした。

引用するとこうだ！

「くどいほどに強調しておきたいのだが、政府が自国通貨建での負債の返済不能になる可能性は『ゼロ』である。理由は、政府は永続する存在であり、通貨発行権という強大な権力を保持しているためだ」

三橋氏によると、政府の負債の返済方法は主に3つあります。

Ⅰ　税金で返済（税金で返済する必要もない。してもかまわないが）

Ⅱ　未来永劫、借り換えを続ける

Ⅲ　日本銀行に通貨を発行させ、買い取らせる

これらをインフレ率や金利、景気の状況を見ながら使い分ければ済む話なのです。

三橋氏のこの説は説得力があります。

個人は死ぬが国家は死なない。

だから永続的に借り換えができる。

これが先送りの原理だよ。

それゆえに通貨発行権を持つ政府は、国債を返済する必要がありません。「1000兆円を超す借金を抱える日本」とか、「将来へのつけはさらに膨らむ」とか、「従来型のばらまき政策」といった考えは間違っています。政府が公共投資を減らした結果、災害で国民の生命が危険にさらされているのです。

三橋氏は、連載「マスコミに騙されるな」の第345回で次のように述べています。

「日本の治水関係予算（当初+補正）は、ピークの1998年（2兆680億円）から、直近では1兆412億円と、半減している。国民を見捨てる気としか思えない」

異常気象と台風で日本列島は甚大な被害を受けていますが、これは天災ではなく、緊縮財政で治水予算が半減した結果にほかなりません。もっと国土の強靭化に向けて財政拡大すべきであるというのが、わたしの考えです。

米国債の無制限金融緩和をモデルに

「失われた20年」、つまりデフレ経済の元凶は橋本政権の緊縮財政路線がスタートです。いまこそコロナウイルス感染拡大の国難にあたって、財政拡大を行わねばなりません。

政府が緊縮財政策を継続している限り、日銀がいくら異次元金融緩和政策をやっても効果は期待できません。財政政策と金融政策が噛み合っていないからです。これではまるでブレーキとアクセルを同時に踏んでるようなものです。

「デフレ脱却のためには、モノやサービスの購入を誰かが増やさなければならない。すなわち、消費や投資の拡大だ」

「日銀が国債を買い取ったところで、ハイパーインフレーションとやらは起きない。（中略）インフレ率は『供給能力が、総需要に対し、不足している』状況にならなければ上がらないのだ。（中略）だからこそ、政府が民間の代わりに消費、投資を増やし、モノやサービスを購入しなければならない」（ともに『日本経済２０２０年危機　経済学の「嘘」が日本を滅ぼす』三橋貴明・経営科学出版）

安倍政権の失策とコロナウイルスの感染拡大で、ＧＤＰはマイナス30％ぐらいになりそうです。この国難を乗り切るためには、１００兆円ぐらいの財政拡大をすべきでしょう。

２００２年３月23日に米国のＦＲＢ（連邦準備理事会）が行った米国債の無制限金融緩和をモデルにすべきです。日銀も国債を直接引き受けるべきでしょう。

国家非常時です。デフレ脱却のためにインフレを恐れている場合ではない。

それぐらいしないとコロナの国難は乗り切れんぞ！

消費税は即刻に凍結か廃止せんかい！

所得税は分離課税を止めて総合課税に１本化せんかい！

法人税は特別措置法をなくして、大企業優遇を中止せんかい！

おわりに

本書を最後までお読みいただきありがとうございました。落ちこぼれ税理士の戯言ですが、税務問題との上手なつきあい方について、参考になれば、わたしの本願です。税理士としての人生を総括して、少しは読者に有益な情報を提供できたのではないかと自負しています。

１９７３年に公開された映画『国会へ行こう！』に、「まだ勝負はついてネ！」という主演・緒方拳の台詞があります。

この台詞はわたしが人生や仕事に行き詰まったときに、自分を励ますための口癖です。魔法のように効果的な言葉です。わたしは常に、オレの税理士人生は、「まだ勝負はついてネ！」と思っています。

おりしも本書の執筆を終えるころ、アメリカ大統領選挙の投票がありました。民主党のバイデン候補が当選しましたが、トランプ大統領は抵抗を続けました。「まだ勝負はついてネ！」という心境だったのでしょう。

わたし自身も、郵便投票を悪用した民主党による「不正選挙」には腹が立ちます。この例に見られるように、税理士の世界だけではなく、政治の世界でも泥臭いことが起きているわけです。

投票日の直前に、バイデン候補の息子による対中国スキャンダルが暴露されました。ところがこれに関連したツイッターがブロックされる事態になりました。つまりスキャンダルがもみ消されたのです。ＦＢＩはすでにこの事件に関する情報を入手していましたが、なぜか捜査を保留にしました。

大統領選挙の開票では、最初はトランプ大統領がリードしていましたが、激戦州とされたウィスコンシン州やミシガン州などの郵便投票の開票が進むにつれて、トランプ大統領のリードが魔法のように消えていきました。そして、最終的にバイデン候補に逆転されました。獲得選挙票を示す時系列グラフの変動が異状でした。バイデン候補の票が「垂直」に急上昇しました。不自然な現象です。これを見ただけで、不正が行われたことが分かります。

選挙投票用紙は海外で偽造印刷されたという情報もあります。多分偽造がお手のものの中国が絡んでいると思われます。何者かが勝手にバイデンと記入して郵送したか

ウィスコンシン州の選挙の状況

これまでのところ、民主党、共和党それぞれの獲得した総選挙票は、11月4日午前6時23分時点で、ウィスコンシン州で予定された投票の89％が集計されたものである。

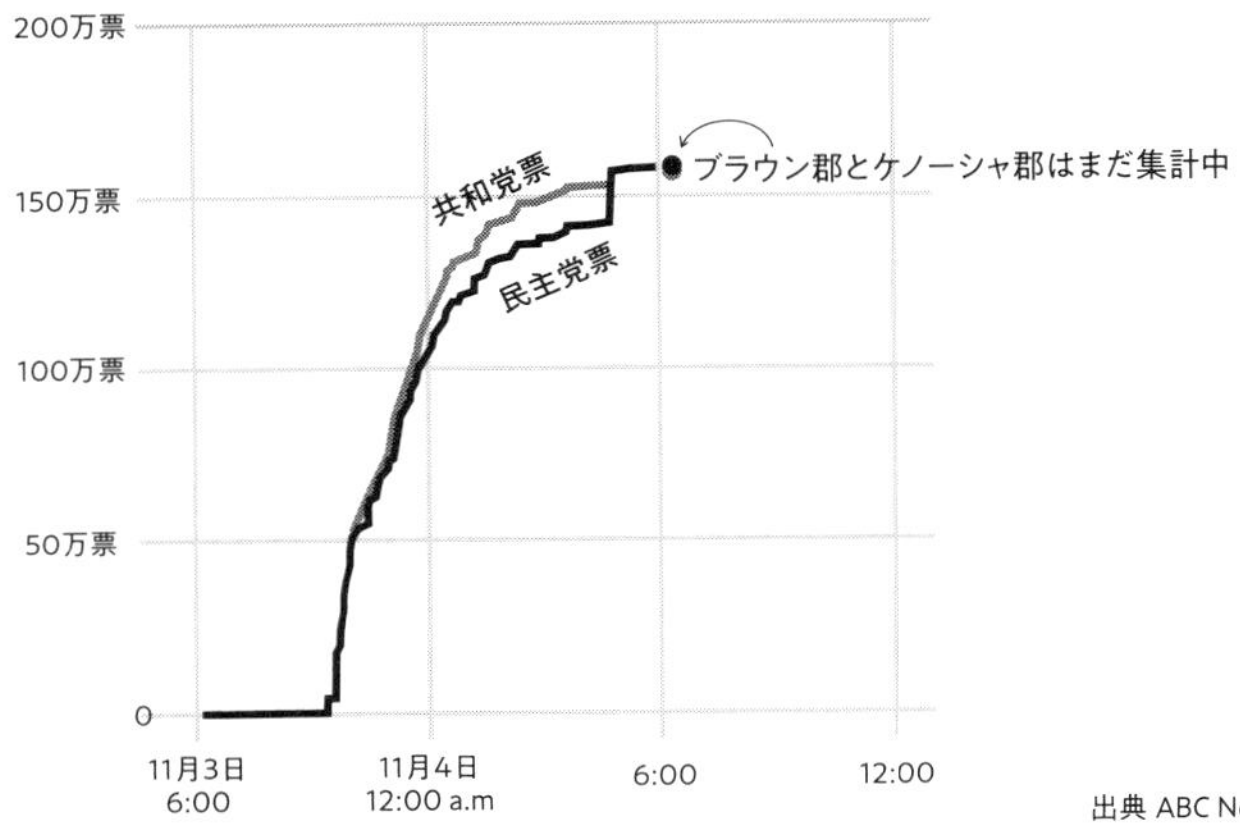

出典 ABC News

も知れない。有権者登録数より、投票者数が多かったという情報もあります。すでに亡くなっている人の投票用紙も見つかっている。この選挙は、はちゃめちゃである。トランプ陣営は、当初から郵便投票は不正の温床になると批判していました。

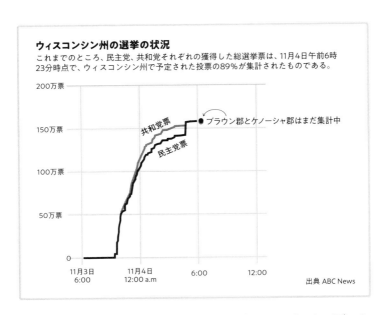

選挙に不正があったことは民主主義の危機を意味します。トランプ大統領が連邦裁に不正選挙を訴えるのは当然です。

ついに1月7日。大詰めでトランプは議場まで堂々と行進して抗議しようと言ったのですが、上下両院の選挙人確定の議場にトランプ支持者が乱入しました。インチキ選挙の怒りが頂点に達したからなのか！　民主党の極左集団が混じっての扇動はなかったか？

国際政治学者の藤井厳喜氏が主催する「ワールド・フォーキャスト」の情報によれば、ANTIFAの人間がトランプ支持者を偽装して乱入したらしい。予想されたことなのに、なぜ暴徒が議事堂に簡単に乱入できたのか？　警備が手薄だったのか？　議事堂警備の警官の手引きと誘導を受けての『乱入』。ヤラセである。トランプは罠にはめられた！　これが真相か！

扇動に乗ったトランプ支持者の女性が議会を守っている警察に射殺されました。仕組まれた乱入事件だったのです。

不正選挙を正す上院議員の異議申し立ての流れが変わりました。ついにバイデン当選が確定しました！　残念である。でも「まだ勝負はついてネ！」。

万策尽きたトランプに残された最後のカードは？　中国のアメリカ大統領選挙への不正介入による関係者を、軍が逮捕して軍事法廷で裁く反乱法発動か？　1月6日にトランプはエア・フォースワンではなく、機上から核攻撃に対処できるタイプのボーイングE－4とかいうジェット機で、お忍びでテキサス州アビリーンの国防司令部に行ったらしい。

最後のカード、軍事オプションかと思われたが、バイデン就任式は州兵2万人に守られて無事に終わった。何事も起こらなかった！　最後はトランプ、おとなしくホワイトハウスを明け渡した。しかし4年後の大統領選挙を見据えて、新党結成だ！　愛国者党結成だ！　まだ勝負はついてネ！　トランプ、弾劾なんかに負けるんじゃネ！


アメリカ大統領の交代は、日本にも計り知れない影響を及ぼします。対中国政策が、トランプ前大統領とバイデン新大統領では異なるからです。

産経新聞の古森義久・ワシントン駐在客員特派員が、署名入り記事（7・27付け）の中で、「米有力研究所が安倍首相の側近を『対中融和派』と名指し」と述べていますが、ここで言う「側近」とは、二階俊博・自民党幹事長のことです。二階氏は親中姿勢で有名です。習近平主席を国賓として日本に招くことを提唱したり、中国の「一帯一路」に同調的な姿勢を示しています。

米中対決はすさまじく、その中で米国は日本に対して、同盟国アメリカにつくのか、それとも中国につくのかの踏み絵を迫っているわけです。今後、日本は親中派のバイデン政権とどう向き合っていくのかという大きな問題を抱えています。日本のマスコミは、大手マスコミ以外は頑張っている。夕刊フジ（産経新聞のタブロイド版）や月刊WiLL、そしてネットではアメリカ不正選挙は取り上げられている。大手マスコミだけが沈黙です。偏向したアメリカのメディアの引き写しです！　アメリカ大統領選挙の現地取材などしていない。評論家の三橋貴明先生じゃないが「マスコミに騙されるな！」。

台湾に積極的に武器を輸出して、後ろ盾になっていたのはトランプ政権だけです。バイデン政権下では、台湾は苦しい状況に置かれるでしょう。日本の比ではない。いま世界は大変な分岐点にあります。そのことを認識してほしいんだ！

税理士人生と関係のない話になりましたが、大事なことなので「おわりに」で加筆しました。なにかのお役に立てば幸いです。

最後に、本書をまとめるのにお世話になった現代書林の松島一樹さんと黒藪哲哉さんにお礼を申し上げます。

２０２１年１月

税理士　楠木尚成

税理士《ぜいりし》の事件簿《じけんぼ》

2021年3月31日　初版第1刷

著　者――――――楠木尚成《くすのきひさしげ》
発行者――――――松島一樹
発行所――――――現代書林
〒162-0053　東京都新宿区原町3-61　桂ビル
TEL／代表　03(3205)8384
振替00140-7-42905
http://www.gendaishorin.co.jp/

ブックデザイン――西垂水敦、市川さつき、松山千尋（krran）
イラスト――――――須山奈津希

印刷・製本　㈱シナノパブリッシングプレス
乱丁・落丁本はお取り替えいたします。

定価はカバーに
表示してあります。

ISBN978-4-7745-1885-5 C0033